筑摩選書

山竹伸二
Yamatake Shinji

ほんとうのフロイト

精神分析の本質を読む

ほんとうのフロイト

精神分析の本質を読む

目次

ほんとうのフロイト

精神分析の本質を読む

序章

精神分析の世紀

フロイトの時代

二十世紀は人間が自らの心と向き合い、その理解を深め、自由への道を歩み始めた時代である。

近代以降の西欧社会では、人間には自由に生きる権利がある、という考え方が登場し、市民革命を通じて民主主義の社会が実現していった。それは次第に世界へと波及し、二十世紀になると、多くの人々が自由に生きられるだけの社会的条件が整ってきた。そしていま私たちは、自由に生きてもよい、という社会の中で暮らしている。

しかし、社会が自由な生き方を受け容れるようになったとしても、それだけで自由を感じて生きられるわけではない。自分がどうしたいのか、どのように生きたいのか、それがはっきりしなければ、「自由にしろ」と言われても、戸惑うばかりである。現にいまの社会でも、自由を感じることができない、と訴える人は少なくない。自由を感じて生きるためには、自分が本当はどうしたいのか、しっかりと理解する必要があるからだ。

そこで私たちは自由に生きるために、自らの心に従い、身体の声に耳を澄まし、納得のできる行為を選ぼうとする。それは、自分の本心を確認し、間違った選択をしないようにするためだ。人間はいつでも自分の心をしっかり把握している、というわけではない。むしろ知らないことが多く、後から気づかされることのほうが多いだろう。

しかし、本当の自分が何を求めているのか、それを理解しなければ納得のいく行為はできないし、自由に生きてよい、自由にやってよい、と言われても困惑し、悩んでしまうかもしれない。

だからこそ、私たちは本当の自分自身を知ろうとする。それは〝自らの無意識を知る〟ということでもある。現代では誰もが自らの無意識に関心を抱き、「本当の自分」を探し求めているのである。

このような自己への関心が高まった時代において、「無意識」というキーワードを軸にして自己理解の方法を編み出した人物がいる。精神分析の創始者、ジグムント・フロイトである。

フロイトは人間の心の中に無意識を発見したことで広く知られている。彼の考えは従来の心理的治療を一変させ、現代の心理療法の土台を築き上げてきた。また、その理論は人間性の本質に迫るものであったため、精神医療、心理臨床といった枠を超えて、思想、文化、芸術など、広範な領域に影響を及ぼしてきた。それゆえフロイトは、心の治療に革命をもたらし、人間理解を大きく変えた人物として高く評価されている。

二十世紀は紛れもなく〝精神分析の世紀〟であったし、フロイトは時代を象徴する存在だったと言えるだろう。

しかし、多大な影響力を持っていたフロイトに対する評価は、二十一世紀に入り、大きく変化しつつある。現代の心理療法は科学的なエヴィデンスを重視しているため、認知行動療法などが主流となり、心理療法の礎を築いた精神分析も、いまや多くの人が時代遅れの治療法と見なしている。精神分析の理論が科学的に証明できていないこと、むしろ荒唐無稽な仮説が多いこと、そして治療の効果も他の心理療法に比べて特別に高いわけではないのに、治療が終わるまで数年という長い時間が必要であることが理由である。そのため現在では、精神分析を過去の治療法だと指摘し、あからさまに批判する精神科医、心理療法家も少なくない。

だがその一方で、フロイトの精神分析は、マルクスの資本論、ダーウィンの進化論とともに、二十世紀の思想に多大な影響を与えてきたため、文学、芸術、人文学の領域における評価は現在でもかなり高い。特に哲学の領域では、マルクス、ニーチェと並ぶ現代思想の源流とされ、フロイト研究も後を絶たないのが現状だ。それは、フロイトによる無意識の発見が、理性を中心とする近代的な人間理解を大きく塗り替えるものとして捉えられたからである。

精神分析は科学的に証明し得るのか?

賛否両論が渦巻く現代のフロイト像に対して、私は少なからず不満を抱いている。それは、フロイト理論の本質は十分に理解されていないのではないか、そう思わざるを得ないからだ。

なるほど、フロイトの理論が科学的なエヴィデンスを持たない、という批判は妥当なものであり、決して間違っているわけではない。有名なエディプス・コンプレックス理論や幼児性欲、夢の理論など、どれもフロイトが科学的な仮説として主張したものだが、いずれも正しさが証明されているわけではない。

この点について、科学哲学で有名なカール・ポパーは、ある出来事をフロイト的にもアドラー的にも解釈できること自体が問題だ、と述べている。

科学的な仮説は実験や観察をとおして仮説の正しさを検証し、結果的に正しい理論だけが残っていくのが普通である。仮説の間違いが証明されれば、その仮説は即座に排除されることになる。

これは物理学や化学、生物学では常識的なことだろう。しかし、精神分析の理論の場合、正しいかどうかを確認する術《すべ》がない。間違っていることを証明する可能性（反証可能性）がないのだ。したがってポパーの言葉を借りれば、「考えうるいかなる出来事によっても反駁できないような理論は、科学的な理論とは言えない」（『推測と反駁』[1]）。

これは精神分析のみならず、アドラーやユング、その他多くの心理療法の理論にも同じことが言える。これらは科学的な理論とは言いがたいのである。

しかし、心理療法の各学派は自らの正当性を主張するために、治療効果の実証的なデータを集め続けてきた。そして半世紀にわたって実施された効果研究によって、代表的な心理療法にはどれも一定の治療効果がある、という調査結果が出ている。つまり、治療効果があった症例を集めることで、科学的なエヴィデンス（根拠）がある、と主張するようになったのだ。

この動向は精神分析も例外ではなかった。もちろん、精神分析における効果のエヴィデンスはまだ十分とは言えないし、現在、高い人気を誇っている認知行動療法の後塵を拝している。それは、認知行動療法が当面の問題解決にのみ焦点を当てることが多く、短期間で効率的に治療を行うのに対して、精神分析の治療は生き方そのものに関わるため、数年という長い時間を必要とするからだ。しかしそれでも、精神分析にも治療効果はある、という調査結果は、多くの精神分析家に希望をもたらし、現在も治療効果のデータを集める動きは進んでいる。

ただ問題なのは、治療効果の実績データが理論の正しさを証明するわけではない、ということだ。精神分析によって夢を分析し、そこに無意識の性的欲望、エディプス・コンプレックスを認め、そのように解釈したことで患者に変化が起こり、治る方向へ向かっていったとしよう。この場合、治療効果があったからといって、本当に性的欲望があったとは言えないし、エディプス・コンプレックスという仮説が証明されたわけでもなく、それはまったく別の解釈でも治ったのかもしれない。ポパーの言うとおり、反証可能性がないのである。

これは精神分析のみならず心理療法全体の問題であり、〝効果のエヴィデンス〟が〝理論のエヴィデンス〟と混同されている。治療効果が科学的に証明されたとしても、それは理論の正しさを示す根拠にはならないのだ。では、理論の正当性、妥当性を考えることはできないのだろうか？

私の考えでは、心理療法に関する理論の根拠を理解するためには、その理論が人間性の本質に基づいているかどうかが重要になる。そこには「どうなっているのか」という事実を解明する科学とは異なった視点が、つまり「どのような意味があるのか」という本質を解明する哲学的な視点が必要になるのだ。

精神分析においても理論を検証したいなら、治療効果のみに目を向けるのではなく、その理論に基づいた治療行為にはどのような意味があるのか、その本質を捉えなければならない。先の例で言えば、なぜ性的欲望やエディプス・コンプレックスの解釈で治ったのか、そもそも無意識を解釈することにはどのような意味があるのか、そこを考えてみる必要がある。精神分析をはじめとする心理療法、対人ケアの領域においては、そうした内実を考えないまま、効果の有無のみで理論の正当性を考えるべきではないだろう。

精神分析の理論に基づいて無意識の解釈をした患者が治ったとしても、同じ患者がユング派の理論で解釈をした場合でも治ったとすれば、その効果は精神分析やユング派の理論の正しさを証明したことにはならないが、「無意識を解釈する」という行為そのものが、治癒効果をもたらした可能性はある。では、その行為にはどのような意味があるのだろうか？

こうした問いに答えるには、本質を取り出すことが必要になる。精神分析という治療行為に何らかの治癒効果があるとすれば、その行為には治癒につながるような何か重要な意味があるに違いないのである。

事実と本質の区別

一般的に、意味は個別的で主観的な問題であり、客観性を重視する科学者からは普遍性がないと見なされ、研究の対象外だと考えられやすい。科学は様々な現象について、それが「どうなっているのか」という事実関係を解明することはできるが、それは「どんな意味があるのか」については関わらない。そのような意味や価値は人によって受け取り方が違うため、主観的なものでしかない、と考えられてしまうのだ。

しかし、人間を研究対象とするならば、意味や価値の問題を無視することはできない。たとえば、誰かがある行動を取った場合、実験や観察などの実証科学的な方法では、その行動の環境要因や生理学的なメカニズムを解明することはできても、その行動の意味を明らかにすることはできないだろう。無論、そうした事実を解明した実証科学の研究者が、独自に解釈を与えてその意味を述べる場合もあるのだが、その多くはあくまでも私見に留まるものでしかない。

心理学など、いわゆる人間科学と呼ばれる領域では、研究対象となる人間の語った内容を調べることによって、意味にアプローチする質的研究の手法もあるのだが、当人にとってどのような意味を持つのか、という個別的な意味の解釈を中心とした研究が多い。しかし、それと似たような状況や同じような行為のケースが複数あれば、その行為には多くの人に共通する意味があるかもしれない。それは、誰もが納得するような普遍性のある意味であれば「本質」と呼ぶことができるだろう。しかし、そうした本質の解明にまでいたる研究は少ないように思える。

そもそもいまの人間科学における研究者には、本質とか普遍性という言葉に対して抵抗感を持つ人も多い。そこには、絶対的な真実、真理など存在しない、という現代哲学、ポストモダン思想における真理批判、相対主義の影響を見ることができる。また、そうした影響の下、意味は文化、文脈によって異なり、その社会の中で構成されたものにすぎない、という構成主義の考え方が人文科学の領域にも広まっている。それゆえ、精神分析における無意識の解釈は真実ではなく、人々の間で構成された現実にすぎない、と主張する研究者も少なくないのだ。

しかし、無意識の解釈が真実ではないとしても、それによって治癒の効果があるとしたら、そこに何らかの重要な意味があるのではないだろうか。だとすれば、「無意識を解釈する」という行為そのものの意味を考えてみる必要がある。患者の無意識は多様に解釈が可能であっても、解釈するという行為自体には、誰にでも共通する普遍的な意味があるかもしれないのである。

現象学を創始したフッサールは、こうした普遍的な意味を〝本質〟として捉え、〝事実〟とは明確に区別している。そして、事実を解明する実証科学を「事実学」と呼び、本質を探究する「本質学」との違いを論じている。

十九世紀後半、実証科学の圧倒的な影響力によって、客観的なものだけを真理と認め、主観的なものを排除する傾向が顕著となってしまった。そして、人間の生存全体に意味があるのかないのか、といった問題は排除されてしまったのだ。[2] 生の意味を問えないこの状況を、フッサールは「学問の危機」として捉えている。人間を対象とする学問には普遍的な意味を問う本質学が必要である、そうフッサールは考えたのである。

本質とは、「〜とは何か」という形で問われるような、対象の意味であり、それも誰もが共通して了解し得るような普遍性のある意味でなければならない。たとえば自由の本質であれば、「自由とは何か」という問いの答えであり、誰もが納得するような自由の意味、共通了解が可能な意味ということになる。現象学に限らず、古来、哲学では「〜とは何か」と意味を問い、本質を考え続けてきた。古くは古代ギリシアの哲学者であるソクラテスが、「勇気とは何か」「徳とは何か」といった本質を問い、プラトンは「正義とは何か」といった問題を考えていたし、近代においても、ヘーゲルは自由の本質に関わる重要な主張をし、ハイデガーは優れた死の本質論、時間の本質論を展開している。それは科学とは異なる視点だが、人間を考える上では欠かせないものなのだ。

精神医学や心理学、心理臨床の領域におけるフロイト批判の多くは、科学的なエヴィデンスの欠如に対する批判であり、この批判自体は間違っているわけではない。フロイト自身が実証科学の興隆期に医師となり、精神分析が科学的に実証されると信じていたわけだが、その夢が適うことはなかった。しかし、だからといって精神分析が無意味なわけではないし、こうしたフロイト理論に対する実証科学の観点からの批判は一面的なものに過ぎない。そこには、フロイト理論の本質を考える、という観点が欠落しているからだ。

以下、このように本質から捉える観点のことを「本質学の観点」と呼ぶことにする。それは現象学の観点でもあるのだが、現在、現象学的研究と呼ばれるものの多くは本質を探究するものではないため、フッサールが構想した「本質学」という言葉の方が、本質を考察する観点という意味では適切だと考えたからだ。この観点によって、フロイト理論は使い古された過去の遺物ではなく、まったく新しい姿を現わすに違いない。

フロイトの人間論

フロイト理論に対する本質学の観点は、フロイトに対する肯定的な見解に対しても再検討を迫ることになる。

すでに述べたように、精神医学や臨床心理学の世界では、フロイトの心理療法に対する貢献は認めるが現代では通用しない考え方だ、という批判が少なくない。二十世紀中葉には、精神医療の領域でも精神分析が取り入れられ、心理療法全体としても中心的な治療方法になっていたのだが、現在では、精神科医の多くは薬物療法のみで治療し、臨床心理士も認知行動療法を中心とする新しい技法を実践し、精神分析を学ぶ人はかなり少数派である。

しかしその一方で、哲学や思想、人文科学の領域においては、現在でもフロイトに対する評価はかなり高いと言える。その主張の要点は、無意識の発見によって、人間を理性的な存在とみなす近代的な人間像を打ち砕き、人間は非理性的で無意識に規定された存在である、という新しい人間理解をもたらした、というものである。

近代になって啓蒙思想が広まると、従来の因習や迷信、不合理なものへの妄信は批判され、人間には理性によって考え、正しい答えを導く力がある、と考えられるようになった。そうした合理主義こそが社会を変え、また科学を発展させてきたのである。

しかし、現代社会を生きる私たちは、そうした理性への信頼を素直に認めることは難しい。それは、人間があまりに衝動的で、無意識に行動すること、無意識の思考や偏見を持っていることを、また自分自身の中に制御できない感情、欲望があり、無意識のうちに行動してしまうことを、誰もが感じているからだ。そのため、人間は合理的に行動する存在で、意識的に考え、納得して行動する存在である、という近代の人間像に対して違和感を抱きやすいのである。

哲学、思想の領域においても、犯罪、戦争、差別、偏見など、人間の犯した愚かな行為の数々を目の当たりにし、人間が理性的な存在とは言えない、と認めざるを得なくなった。人間の不合理性、衝動性、歪んだ行為、偏見の中に、無意識の影響を見ないわけにはいかなかった、と言ってもよい。だからこそ、フロイトは無意識の発見者として、反近代を掲げる現代思想、哲学、人間科学において高く評価され、時代の寵児となったのである。

私はこのような見解に対して、フロイト理解としては不十分なものだ、と考えている。

なるほど、人間が無意識のうちに行動してしまったり、無意識の思考に左右されることがあるのは事実であり、その点については同意するし、まったく異論はないのだが、それによってフロイトが反近代主義者のように見なされることに対しては、はっきり言って疑問を感じざるを得ない。人間が無意識に支配されやすいとしても、だからといって、理性的に考えることができないわけではないし、納得できる判断が不可能なわけでもない。フロイトもそう考えていたはずであり、だからこそ、無意識を自覚させることによって、理性的に考える力を取り戻し、納得できる判断を可能にする、という精神分析の方法ができたのだ。そう考えると、フロイトは反近代的であるどころか、理性を重んじる近代主義者と言ったほうが適切ではないだろうか。

そもそも人間性の特質として無意識を指摘したのは、何もフロイトだけではなかった。フロイト以前にも、ハルトマン、ショーペンハウアー、ライプニッツなどが人間の非理性的な側面を強調していたし、各方面で無意識の科学的な研究も行われていた。つまり、フロイトが無意識の存在を世に知らしめた立役者であることは確かだが、無意識の発見者とまでは言えないのだ。

しかし、それでもフロイトの主張した人間論は、ある意味でとても深い洞察に満ちたものであり、それは単に人間の無意識的な面を指摘した、というだけに留まらない。確かにそれも大事ではあるのだが、人間の欲望と不安に関するフロイトの考え方の中にこそ、普遍的な人間性の本質を見ることができる。

こう言うと、おそらく疑問を感じる人も少なくないだろう。なぜなら、人間性に関するフロイトの理論は、幼児性欲論やエディプス・コンプレックス、リビドー論、去勢不安など、独特な仮説によって説明されているが、これらの仮説は科学的に証明されておらず、すでに間違っているという批判が広まっているからだ。特に人間の欲望に関しては、性的な欲望を重視する理論として悪評が高く、汎性欲論だという批判も古くからある。

私もこうした仮説が正しいと言いたいわけではない。ただ、科学的には実証できない理論であっても、その理論が指し示す現象の意味をつぶさに吟味すれば、重要な本質が見えてくることがある。そして重要なのは、そうした精神分析における本質が、人間性の本質に見合ったものか否か、という点にある。もしその理論が人間性の本質を捉え、それを考慮した治療法になっているとすれば、それはやはり意義のある治療法と言えるはずだ。

つまり先にも述べたように、フロイト理論の本質を考える、という観点が必要なのである。

新時代のフロイト像

本書のテーマは「本質学の観点」からフロイトの諸理論を捉えなおし、その現代的な意義を明らかにすることにある。フロイトの思考の軌跡を追いながら、現象学の思考法によってその本質を理解することができれば、私たちは新たなフロイト像を見出すことができるだろう。

フロイト理論には優れた心理的治療の原理が含まれているのだが、その本質は科学的には証明しがたい仮説によって覆い隠されており、これまで十分に理解されてこなかった。科学的なエヴィデンスが重視される今日では、フロイトの精神分析は過去の技法として、ますます顧みられなくなっている。しかし、一定の治療効果が認められている以上、精神分析の何が治癒の効果を生み出しているのか、それを探る必要があるはずだ。

これはすでに述べたとおり、「効果があったから理論が正しい」という単純な話ではない。心理療法の世界では治療効果が優先されるため、「効果がある」というデータだけで「治療法のエヴィデンスがある」と理解されがちだが、実は理論の科学的証明にはなっていないのだ。なぜ治療効果があるのか、という問題は、心理療法の場合はその実践が何を意味するのか、という点に目を向ける必要がある。これが本質学の観点であり、本質を把握できれば、治療原理も明らかになるだろう。それは、なぜ治るのかがわかる、ということでもある。

心理療法の本質については、私はすでに別の著書[3]で詳しく論じているが、本書ではその理論に基づいて、精神分析における治療の本質を明らかにしたいと思う。

一方、フロイトの人間に関する思想については、いまだ高い評価を受けているが、その評価の眼差しは人間の無意識的な部分にのみ注がれている。幼児性欲、死の欲動、去勢コンプレックス、リビドー仮説など、批判すべき点は多いのだが、人間に不合理性、無意識的な行動があることは間違いなく、それが近代的な人間像を打ち砕く新しい人間観として歓迎されている。

人間の無意識的な部分に光を当てたことについては、私も大きな功績であることに異論はない。しかし、その無意識が一体どのようなものなのか、という点について論じなければ、フロイトの人間論について十分理解したことにはならないだろう。精神分析という治療法が人間性の本質的な把握に基づいている以上、この問題をうやむやにすることはできない。

そこでやはり、本質学の観点が必要になる。フロイトの諸理論は科学的には実証しがたいが、その意味を丁寧に理解していけば、そこには人間性の本質についての鋭い洞察があることが見えてくるに違いない。フロイトの人間論を介して人間性の本質を考えること。人間性の本質に焦点を当てながら、フロイト理論を読み解くこと。それこそが、いまの時代に活かせるフロイト理解につながるはずである。

本書の構成

以上のことを踏まえて、本書では次のような構成で議論を進めたいと思う。

まず第1章では、フロイトがどのようにして自らの理論を構築したのか、その理論はどのように展開し、心理的治療の世界に影響を与えていったのか、その経緯を時代に沿って辿りながら、フロイトの人生と理論の変遷をできるだけ簡明に解説したいと思う。『ヒステリー研究』を経て自己分析の時代に入り、精神分析理論の確立に至るまでの若きフロイトの物語を中心に、二度の世界大戦と亡命へと至るフロイトの壮絶な人生に触れていただきたい。

第2章、第3章、第4章では、フロイトの理論を前期、中期、後期に分け、その理論をより詳しく解説するとともに、本質論の観点から捉え直していくことにしよう。これは精神分析という治療法の土台となる部分で、フロイトの人間理解の全体像を描き出し、その意味を考えなおしていく作業になるだろう。

前期は夢理論を中心に無意識の理論を確立させていった時期であり、第2章では錯誤行為や夢理論について論じ、その根底にある無意識の力動性について見ていきたいと思う。中期は幼児性欲やエディプス・コンプレックス、リビドー論などが確立した時期で、性欲論が精神分析の前面に出始めた時期であるため、第3章はフロイトの性欲論がどのようなものなのかを説明し、これを本質学の観点から検証する。そして晩年にあたる後期は、第二局所論が確立し、自我論が中心的なテーマとなってきた時期に当たるため、第4章では、超自我、自我、エスの関係から「欲望の葛藤」という重要な問題を論じることになる。

ここまでは精神疾患に限らず、ごく一般的な人々にも当てはまるような人間論であり、フロイト理論がどれだけ人間性の本質に迫っているのか、それを考察することが中心だが、第5章、第6章は神経症のメカニズムとその治療について考察する。フロイトは心の病を性欲、不安、欲望の葛藤から説明しているが、その理論の実証性ではなく、本質を見定める必要がある。その上で、精神分析という治療法がどのような意味を持っているのか、他の心理療法とも比較した上で、その原理を明らかにしなければならない。

第7章ではフロイトの人間理解について総括し、さらに掘り下げてその意味を考察し、その思想的な意義を考えてみたい。無意識の解釈が妥当なものか否か、それを判断するためには、解釈の根底にある人間論への理解が欠かせない。そしてこの人間論こそ、今日においてフロイトを再評価する鍵になるはずだ。そして最後の終章では、フロイト以後の精神分析の展開を見た上で、現代社会におけるフロイトの理論、思想の意義を、あらためて問い直したいと思う。

このように、本書では本質を考える上で現象学の思考法を使い、本質学の観点からフロイトの理論、思想を捉えなおしている。それによって、従来のフロイト論では見落とされてきたフロイトの人間論、治療論の本質、原理が見えてくるだろう。

かつて、私はフロイトの理論に批判的だった時期がある。学生の頃は無意識という問題に惹かれ、フロイトの精神分析に関心を抱いていたが、幼児性欲論、リビドー論、死の欲動などの仮説に疑問を抱き、また当時からフロイトへの批判的な言説が多かったため、次第に興味を失ってしまったのだ。続々と新しい心理療法が開発され、もはやフロイトは古い、と感じていた。

その後、フッサールの現象学を知ったことで、ますます精神分析に対する不信は強くなった。現象学では意識に現われたものだけを確かなものだと考え、一切の先入観を排し、あらゆる対象を意識に還元して考えようとする。意識において確信された対象について、その確信が成り立つ根拠を考えようとするのだ。しかし、無意識は意識に現われない対象であり、意識の外部に想定された心の領域であるため、現象学では対象にならないし、無意識があるという証明もできない。結局は仮説にすぎない、そう思えたからである。

しかし後になって、この考えには大きな誤解があることに気づかされた。現象学は本質を捉えることを重視しているが、その観点からフロイトの著作を読み直してみると、それまでとはまったく異なるフロイト像が浮かび上がってきたのだ。それは人間性の本質を鋭く捉えた理論であり、科学的には証明できない仮説を含んでいても、本質的には誰もが納得し得るような普遍性を持っていた。そしてその治療原理は、現代の多様な心理療法に通底する重要な意味を有していたのである。

そこで私は、フロイトに対する多くの誤解を解き、フロイト理論の本質を明らかにしつつ、真のフロイト像を提示する必要がある、と考えるようになった。二十世紀は精神分析が大きな影響力を持った時代だが、それもいまや過去になりつつある。しかし、フロイトは現在では最早通用しない過去の偉人などではない。現代社会に生きる私たちに、いまなお多くの知恵を与えてくれる存在であることを、私は本書をとおしてはっきりさせたいのである。

註

（1）K・R・ポパー『推測と反駁』藤本隆志・石垣壽郎・森博訳、法政大学出版局、一九八〇年、六三頁。

（2）E・フッサール『ヨーロッパ諸学の危機と超越論的現象学』細谷恒夫・木田元訳、中央公論社、一九九五年、二〇頁。

（3）筆者（山竹伸二）の心理療法に関する本質論については、『心理療法という謎』（河出書房新社、二〇一六年）および『心理療法の精神史』（創元社、二〇二三年）を参照していただきたい。

第1章

心の治療の革命家——精神分析のはじまり

催眠療法と無意識

一八五六年、フロイトは現在のチェコ領であるフライベルクに生まれ、幼い頃にウィーンに移住している。ウィーン大学の医学部では、高名なブリュッケの生理学研究室で神経系の組織学を研究しており、その後、ウィーン総合病院に勤務することになった。

当時、富裕層の女性の間では、ヒステリーと呼ばれる原因不明の病が流行《はや》っていた。この病では脳にも異常は見当たらないのに、手足の麻痺や痛み、視覚・聴覚の異常など、患者は多彩な症状を訴えていたのだ。フロイトはこうした神経の病に興味を抱き、原因を探し求めていたが、皆目わからないままだった。しかし一八八五年、パリのサルペトリエール病院へ留学することになり、このとき、シャルコーのもとで催眠療法を学んだことがフロイトにとって大きな転機となる。

シャルコーは神経学の権威であったが、催眠療法によってヒステリー患者の治療をしていたことでも有名だった。また、催眠の公開診察、講義を行っており、医師や学生、その他多くの群衆が詰めかけていた。彼は催眠術によってヒステリーと同様の症状を惹き起こしたり、症状を消失させ、多くの聴講者を驚かせていたのだ。それを見学したフロイトは、ヒステリーが精神的原因によって生じること、患者自身はその精神的原因を意識できないことを確信し、大きな衝撃を受けることになる。なぜなら、人間の心の中に、意識に上《のぼ》らない心の領域、すなわち「無意識」があることを確信したからだ。

以後、フロイトは無意識の探究、無意識による治療に没頭するようになった。無意識的な固定観念の存在がある種の神経症の核になる、というシャルコーの指摘に、フロイトは大きな影響を受けたのである。

フロイトはしばしば「無意識の発見者」と呼ばれるが、フロイト以前にも無意識の研究は少なくなかった。十九世紀のアメリカ、イギリス、ドイツなどでは心霊術が流行し、霊と交信する霊媒は自動書字を行ったり、トランス状態で話していたため、その現象が無意識との関係で研究されていた面もある。また、カールスは魂の本性を知る鍵は無意識の世界にあると主張し、無意識を三層に区別しているし、ハルトマンは『無意識の哲学』の中で、無意識の役割に関連した数々の事実を提示している。

しかし、もっと一般的に無意識への関心を急速に高めたのは、間違いなく催眠術であった。発端は十八世紀におけるメスメルの磁気術であり、彼はただ指で触るだけで患者に痙攣をはじめ様々な症状を出没させ、人々を驚かせていた。メスメルはそうした現象を、動物磁気という宇宙に満ちている流体のせいだと主張している。その後、メスメルの弟子であったピュイゼギュールは、磁気術の最中に患者が睡眠状態になることを発見し、磁気睡眠と名づけたが、これが後に「催眠」と呼ばれるようになり、十九世紀における催眠術ブームのきっかけになったのである。

磁気術、催眠術の治療者たちは、無意識の心的エネルギーを治療手段に活用しようと企て、無意識は意識とは別の状態であること、無意識が意識的知覚に影響を与えること、無意識は意識に作用を及ぼす場合もあることなど、様々な記録を残している。

十九世紀後半になると、磁気術は狂信的なオカルティズムやイカサマ療法と結びつき、催眠術への評価は急落したが、フロイトがサルペトリエール病院を訪れた時期には、リエボーとベルネーム、そしてシャルコーらの活躍によって、再び催眠術ブームが起きていたのだ。

アンナ・Oの症例

パリの留学を終えたフロイトは、催眠暗示によるヒステリー患者の治療をはじめたが、そこにはナンシー学派のベルネームによる影響もあった。

ベルネームによれば、催眠とは暗示の結果であり、ヒステリー患者のみに見られる病的状態ではない。そして、催眠の効果は覚醒状態における暗示でも得られるのであり、患者の心に観念を直接植えつけるやり方で治すことができる。たとえば脚が動かないヒステリー患者には、動くように暗示をかけるのだ。フロイトはこの方法を実践し、催眠状態の間に「醒めたときには、すっかりよくなっていますよ」などと暗示を与えると、実際に暗示どおりに治すことができたのである。

こうしてフロイトは、新しい治療法を手に入れたことを喜び、催眠暗示による治療を続けていたが、一方では、留学前に先輩の精神科医ブロイアーから聞いていた、あるヒステリー患者の話が気になっていた。それは、アンナ・O嬢の症例として有名な、ベルタ・パッペンハイムという患者のことであった。

ベルタは、富裕な家庭に生まれ高い教育を受けた若い独身女性であった。彼女は病に倒れた父親の看病を長年続けていたが、父が重篤になると、幻覚、失神に悩まされ、自分が「現実の自己」と「邪悪な自己」の二つに分裂していると訴えた。また、父の死の直後からベルタの症状は悪化し、腕、足が徐々に麻痺拘縮するようになり、幻覚もひどく、精神錯乱の徴候や視覚障害、言語障害など、多彩な身体症状に苦しむようになったのだ。

ブロイアーは彼女に催眠暗示を繰り返したが、ほどなくして、催眠術をかける必要などないことに気づかされる。なぜなら、ベルタは自ら催眠状態に陥って、過去の体験や出来事を語るようになったからだ。しかも奇妙なことに、彼女が忘れていた過去の体験を語り終えると、症状は緩和されていた。そこで、ベルタはそれを「お話し療法」と呼ぶようになる。

たとえば、ある日、ベルタは自己催眠状態となり、家庭教師だったイギリス婦人のことを語りはじめた。その内容は、この婦人の子犬がコップに口をつけて水を飲んでいるところを目にし、強い嫌悪感を抱いたが、誰にもそのことを話さなかった、というものである。当時、ベルタは六週間もコップで水を飲むことができなくなっていたが、催眠状態でこの出来事を思い出し、嫌悪感をぶちまけると、急に水を飲みたいと言い始め、コップに口をつけて水をごくごくと飲みはじめた。症状に関わる体験を語ることで、症状が消えてしまったのだ。

この話をブロイアーから聞いたとき、フロイトは大きな感銘を受け、さらにシャルコーの影響もあってこう考えるようになった。ヒステリー患者には忘れ去られた記憶、無意識の観念があり、それは心的外傷、神経的ショックによって解離されている。そして、この無意識の観念を想起(意識化)すれば、神経症の症状は消えるに違いない、と。これこそ、後に精神分析療法の根幹に据えられた治療方法である。

こうして、フロイトは催眠術によって無意識の記憶を思い出させ、語らせるという方法を、ヒステリー患者に対して実践するようになった。ブロイアーとも議論を重ね、催眠暗示とは異なる、催眠カタルシス法という治療法を開発したのである。そして一八九五年、フロイトはブロイアーとの共著である『ヒステリー研究』を出版することになった。

ヒステリー研究——ルーシーの症例

『ヒステリー研究』は催眠カタルシス法の意義を主張するための著作だが、それは催眠術を用いて無意識となっている記憶を意識化し、抑圧されていた感情を解放する方法である。本の内容は、催眠カタルシス法の解説に加え、ブロイアーによるアンナ・Oの症例報告、フロイトの四つの症例報告（エミー・フォン・N、ミス・ルーシー・R、カタリーナ、エリザベート・フォン・R）で構成されている。

この本はまだ精神分析が確立されていない時代のものだが、すでに催眠カタルシス法を超えたフロイト独自の理論展開が見られ、抑圧、抵抗、自由連想、性欲の重視など、精神分析の重要な観点がかなり出揃っている。フロイトは催眠カタルシス法を実践する中で、患者の心に欲望の力と抑圧の力がぶつかり合う力動関係を見出し、精神分析の土台となる原理を発見したのである。たとえばミス・ルーシー・Rの症例は、抑圧された無意識の記憶を思い出せば治る、という心の働きを端的に示している。

ルーシーは工場主の家で二人の子供の家庭教師として住み込んでいたが、不機嫌と疲労感、幻臭（プディングが焦げた臭い）に悩まされていた。フロイトは催眠がうまくいかないので、片手を彼女の額に置き、あるいは患者の頭を両手ではさんでこう言った。「こうして私が手で押さえていると、いまに思い浮かびますよ。……さあ、何が見えましたか」。

これは「前額法」と呼ばれる方法であり、患者は横たわって目を閉じ、症状に由来することを思い出すように命じられ、何も思い出さない場合、患者の額を手で圧迫し、こうすれば何か思い浮かんでくるはずだ、と言うのだが、実際、これによってルーシーは次のことを語り始めた。

ルーシーによれば、二カ月前、郵便屋が母親からの手紙を届けてくれたが、子供たちが彼女にとびついて手紙を奪い取り、ふざけているとき、突然激しいにおいがした。作りかけのプディングが焦げついたのだ。そのことを女中頭や料理女が告げ口をしたこともあり、彼女は仕事を辞めて母親のもとへ帰ろうと思っていた。しかし、子供たちが優しくしてくれたので、別れがつらくなってしまった。この時の苦悩が外傷となり、それに結びついた嗅覚が残ってしまったのだろうか？

しかし、身体症状への転換が起きるには、何らかの観念が意識から遠ざけられ、無意識になっていなければならない。そこでフロイトはルーシーに、あなたは主人である社長を愛しているのではないか、そして妻になるという希望を使用人たちに知られれば軽蔑される、と恐れているのではないか、と尋ねた。ルーシーはそれを認めた。ある日、彼女は主人と打ち解けて話し合う機会があり、それ以来、彼女は主人を愛し始めていたのだが、そのような関係に進展する気配はなく、彼女は忘れようと決心したのである。

この問答の結果、焦げたプディングの臭いは弱まったが、葉巻の臭いにつきまとわれるようになったため、フロイトがさらに分析を進めると、ある親しい婦人が遊びに来て、帰りがけに子供に接吻をしたことを思い出した。主人はこの客が帰った後、葉巻をくゆらせながら、ルーシーに怒りを爆発させ、子供の口に接吻するなどあなたの責任だ、もう一度こんなことがあれば、子供の教育はあなたの手に任せられない、と言ったのである。この出来事は彼女の希望をすっかり挫折させてしまった。こんな些細なことで、あれほど自分を叱ることができるのなら、私はてんで勘違いをしていたのだ、と。この分析の後、嫌な記憶と結びついていた葉巻の幻臭は消えたのである。

こうしたルーシーの症例は、無意識になっていた主人への愛情に関する観念が抑圧され、幻臭などの症状を生み出していたことを示している。また、無意識の記憶を意識化すれば症状が消えることを示している点でも、大変わかりやすい症例である。

抑圧と抵抗の発見――エリザベートの症例

同じく前額法を用いたエリザベート・フォン・Rの症例においても、抑圧の作用がはっきりと現われている。しかもこの症例は「抵抗」が生じている点で、大変興味深い内容だと言える。

三人姉妹の末娘として生まれたエリザベートは、二年以上前から両足の疼痛《とうつう》、歩行困難があり、ヒステリーの症状を示していた。彼女によれば、父親が心臓病で倒れ、一年半の間、看病を続けていたが、やがて亡くなり、その後は母親の病状が悪化したために再び看病に追われていた。やがて母親の手術が成功し、心労から解放されると、今度は自らの身体に疼痛と歩行困難がはじまったのである。

この物語にはヒステリーの原因が見当たらないため、フロイトはさらに意識の層を深く探るために前額法を用いた。すると彼女は、ある若い男と夜会から帰宅した晩のことを告白したのだ。彼女は彼を愛していたし、この夜会ほど心のときめきを感じたことはなかったが、帰ってみると父親が悪化していた。彼女は自分をひどく責め、その夜を最後に二人の交際は遠のいていった。そして疼痛が起きたのであり、フロイトはこれを幸福感と罪悪感の葛藤の結果であり、抑圧された性愛感情が疼痛に向けられたためだ、と考えた。

しかし、エリザベートはフロイトが頭を圧迫して質問すると、疼痛を訴え、「何も見えません」と報告することがあった。何かを思い浮かべているはずだが、それを報告することが不愉快であるため、その内容は何の関係もないはずだ、と見なしているのではないか、そう考えたフロイトは、あなたは必ず何かを思い浮かべたはずです、私に何かを隠しているのです、と繰り返したずねた。するとエリザベートは次のように話し始めた。

彼女は二番目の姉の夫と散歩をしたことがあり、いろいろと打ち解けたことを話し合ううちに、自分も義兄のような夫をもちたいと感じるようになったらしい。その数日後、彼女は散歩をした場所で義兄のことを思い浮かべると、激しい痛みを感じたのである。以後、疼痛が

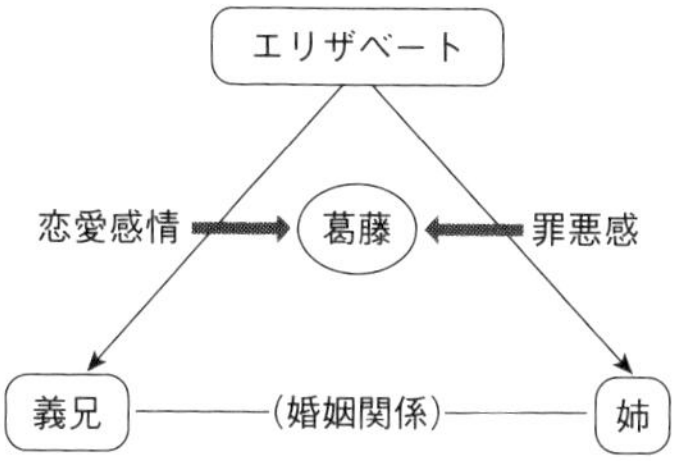

図1－1　エリザベートの無意識の葛藤

彼女から去ることはなかった。姉が死んだ時、エリザベートは深く悲しむと同時に、別の考えが稲妻のようにひらめいた。これで私は義兄の奥さんになることができるんだ、と。彼女は義兄に愛情を抱いていたが、それを認めることは彼女の道徳心が許さなかった。彼女は義兄を愛していることへの罪悪感から自分を防衛するために、それを疼痛に「転換」したのである。

フロイトがその事実を彼女に告げると、大きな叫び声をあげ、激しい痛みを訴え、そんなことはありません、そんな悪いことは私にはできません、と述べた。そして、こうした反応は彼女に決定的なよい効果をもたらし、疼痛は次第に消えていったのである。

この結果、フロイトは患者が回想の際に示す抵抗に深い意味を置くようになった。エリザベートは義兄への愛情に関わる記憶を想起すると、この記憶を無視したり、病気とは関係ないものと見なそうとした。それは彼女の道徳心に反する不謹慎な記憶であるため、再び抑圧しようとする力が働き、無意識的な「抵抗」となって現われたのだ。

この症例には二つの欲望のせめぎあい、葛藤の様子が示されている。それは、義兄に愛情を求める欲望と、それを不道徳な願望として拒否したい道徳心の葛藤であり、道徳心は「道徳的に清い人間でありたい」という欲望でもあるため、結局は二つの欲望の葛藤と考えることができる。この葛藤の結果、無意識のうちに道徳心が優先され、義兄を求める欲望は抑圧されてしまったのであり、それは自覚したくないからこそ抑圧され、思い出そうとすると抵抗が生じてしまうのだ。

こうしてフロイトは、患者の無意識の抵抗によって「抑圧」の存在を確信し、この抑圧の力こそ意識化への抵抗を引き起こしている、と考えるようになった。だがもしそうなら、無意識にある過去を思い出すだけでなく、病気の原因が抑圧であることに気づく必要がある。そうでなければ何度でも抑圧が生じ、病気が再発する可能性があるからだ。

抑圧に気づくためには、治療に対して抵抗が生じた方が都合がよい。抵抗を解釈すれば、患者は抑圧の事実を自覚せざるを得ないだろう。そこでフロイトは催眠術を放棄し、患者の無意識の抵抗をあえて現われるように仕向けることにした。催眠術は抑圧の力を緩和するため、抵抗も生じず、抑圧されていた記憶は比較的容易に想起されるので、一見すると都合がよい。しかし、抵抗が生じなければ抑圧を自覚できないため、催眠から覚醒すると再びその記憶に対して抑圧作用が働き、症状がぶり返してしまうのだ。

フロイトが欲望の葛藤、欲望と抑圧の関係を見出したのも、催眠をやめて前額法に切り替えたことにより、患者に無意識の抵抗が現われたからであった。「催眠術はある力動関係をかくしてしまっていたのだが、いまやそれがあらわにされ、それがとらえられることによって理論には確かな根底があたえられることになったのである」(「自己を語る」[1])。

神経症の治療に必要なのは感情の解放(=カタルシス)ではなく、抑圧を解消することであり、それゆえ、催眠を使わずに記憶を想起する方法が必要になる。そこで開発されたのが、横になって頭に浮かんできたこと、思い出したことを全て話してもらう「自由連想法」という方法だ。自由連想では催眠と違って必ず無意識の抵抗が生じ、抑圧の事実を意識化できるのであり、患者が抑圧の事実を認めることができれば、抑圧された無意識も意識できるようになる。これが「精神分析」のはじまりなのである。

性的誘惑がヒステリーの原因?

『ヒステリー研究』はブロイアーとの共著ではあるが、フロイトの執筆した「ヒステリーの心理療法」の章では、「抵抗」や「防衛」など、精神分析の基本的な考え方が語られており、すでにブロイアーとは意見を異にしている。また、後に重要となる性欲の問題もすでに示唆されており、こうはっきり述べている。「まず私がはっきりと思いしらされたのは、後天的に神経症を起こしてくる原因について云々するかぎり、その病因は性的契機のうちに求むべきであるという認識である[2]」と。

たとえばカタリーナの症例では、叔父(実際は父親)による性的誘惑が原因でヒステリーの症状が起きている。彼女は誰かにつけられているという妄想に襲われ、呼吸困難に陥る、という症状に苦しんでいたので、偶然出会った医師(フロイト)に相談することにした。そして、十四歳の頃、夜に寝ていると、ベッドに叔父がもぐりこんできて、身体を押しつけてきたことを思い出した。フロイトによれば、この性的な誘惑がヒステリー症状の原因であり、この誘惑を体験した頃は子供だったので、奇妙だと感じたが、よく意味が分かっていなかった。しかし大人になり、その意味を理解するようになったことで、心的外傷となったのである。

これ以外にも、フロイトの患者には「大人に性的誘惑を受けた」という患者が少なくなかった。そのためフロイトは、「性的外傷」(性的誘惑、性的虐待のトラウマ)をヒステリーの原因として考えるようになったのだ。

一八九六年の論文「ヒステリーの病因について」において、フロイトは性的体験を三つに分けている。成人男性による性的虐待、世話をする成人女性による性的誘惑、そして子供同士の性的関係である。これらの体験は無意識的な表象として存続し、大人になってその記憶を思い出させるような出来事があると、道徳心から激しい嫌悪感、不快感が生じ、その出来事の観念は抑圧されて身体的症状（ヒステリー症状）に転換する、というわけだ。そして、「いかなる症例から、またいかなる症状から出発したとしても、最後には必ず性的体験の領域に到達する[3]」と述べている。

フロイトはこの考え（誘惑理論）をウィーンの精神神経学会で発表したが、その主張はまったく受け入れられなかった。さらに、『ヒステリー研究』が専門家の間で激しく批判され、それに動揺したブロイアーも離反してしまったため、フロイトは完全に孤立無援の状態となってしまった。それだけではない。大人に性的虐待を受けた、性的な誘惑を受けた、というフロイトの患者たちの主張は、実は事実とは異なっていたこと、空想の産物であることが明らかになったのだ。

こうして、誘惑理論とも呼ばれる性的外傷説は脆くも崩れてしまった。しかし、この挫折こそが、後に精神分析の重要な理論を生み出すきっかけとなる。フロイトはこう考えたのだ。患者たちの述べる「大人による性的誘惑」が事実ではなく幻想だとしても、彼女らの幻想がみな同じような性的誘惑の空想であることには何か意味があるに違いない。彼女らにとって、その空想が現実に起きたこととして捉えられている以上、それは彼らの主観においては現実（心的現実）としての意味を持っているはずなのだ、と。

この点について、フロイトは次のように述べている。

ヒステリー患者たちが自分たちの症状の源をたずねるときに、その源たる外傷を勝手につくりあげてしまう場合、彼らがそのような情景を空想するということはまさにこれは新しい事実であって、この心理的な現実は、実際の事実と並んで評価されることを要求しているのである。やがて、このような空想というものは、ごく幼い頃の自己性愛的活動を隠蔽し、美化し、一段高いところに祭り上げようとするためのものであるということが判明した。そしてやっとそれらの嘘の空想の背後に、子供の性生活の全貌がその姿を現わしたのであった。（「精神分析運動史」）(4)

フロイトによれば、ヒステリー患者による大人（特に親）に誘惑された、という「性的誘惑の空想」は患者の願望を示している。その願望とは患者が幼児期に抱いた親への性愛願望であり、要するに、親に愛されたいという気持ちが親に誘惑される空想を生みだし、あたかも現実に起きたことのように記憶されていた、と考えたのである。(5)

この「幼児には親に愛されたいという性愛願望がある」という考えは、後に幼児性欲とエディプス・コンプレックスの理論として結実することになるのだが、フロイトがこれらの理論を確信するまでには、彼自身の長い自己分析のプロセスが必要であった。

自己分析1——夢分析とエディプス・コンプレックス

誘惑理論によって学会から批判され、ブロイアーも離反してしまったため、フロイトは精神的に追い詰められ、なかば神経症的な状態になっていた。それに加えて、一八九六年、フロイトは尊敬していた父のヤコブを失い、さらに大きなショックを受けることになる。そして父の死をきっかけに、自らの幼児体験を回想し、自分自身を分析しはじめたのである。

この自己分析は自分の無意識を理解する試みだが、フロイトは自己分析の内容を友人の医師フリースへの何十通もの手紙で綴ってゆくことになる。そしてそれは主として夢の分析をとおして行われている。夢には無意識の願望が現われる、というフロイトの有名な理論は、自己分析をとおして強い確信に至ったものである。そして、最も決定的だった夢分析は次のようなものであった。

父の死の三カ月後、フロイトは母の裸体の夢を見た。その夢を分析する過程で、四歳のときにライプチヒからウィーンへの旅行中、母が裸でいるのを見たことを思い出す。それは母への無意識的な性愛願望を示すものであり、この旅行以来、フロイトは汽車旅行恐怖症になっていた。そしてフロイトは、自分が母を愛するあまりに父を邪魔な存在として感じ、敵対感情を抱いていたことを自覚する。フリースへの手紙にはこう書かれてある。

僕は母親への惚れ込みと父親への嫉妬を僕の場合にも見つけました。そして今や僕はそれらを、たとえ必ずしもヒステリーにされた子供たちの場合ほどに早い時期ではないにしても、早期幼児期の一般的な出来事とみなしています。（中略）もしそうなら、悟性が運命という前提に対して唱えるあらゆる異議にもかかわらず、エディプス王の持つ人の心をとらえる力が理解できます。(中略)聴衆の誰もがかつて萌芽的には、そして空想のなかでは、そのようなエディプスだったのです。(「フロイト　フリースへの手紙」[6])

古代ギリシアの作家ソフォクレスの悲劇『エディプス王』には、両親を知らずに育ったエディプス王が、旅先で殺してしまった相手が実は父であったこと、結婚した相手が実は母であったことを知り、悲劇的な運命をたどる姿が描かれている。

テーバイの王ライオスは生まれたばかりの息子について、この子はお前を殺し、お前の妻イオカステとの間に子をなすだろう、という不吉な予言を聞いたため、息子を殺そうとする。しかし、預けられた者が殺さずに山に捨てたため、その子供はコリントス王夫妻に拾われ、エディプスと名づけられて息子として育てられた。成長したエディプスは、旅先でライオスと出会い、実の父親とは知らずに殺してしまう。その後、怪物スフィンクスを倒したことで、テーバイで英雄として迎えられ、母親とは知らずにイオカステと結婚し、子をなすのだ。そして後日、この事実を知ったことで、イオカステは自害し、エディプスは両目を突き刺して盲目の乞食となるのである。

フロイトは自らの母親への愛情と父親への憎しみを、この物語と重ね合わせ、これは自分だけではなく、誰にでも当てはまる普遍的な問題だと感じたに違いない。エディプス王の物語には、人間が幼児期に抱く普遍的な心の傾向が示されている、そう考えたのである。男の子は無意識のうちに母親を愛するため、父親の存在を邪魔に感じて敵対心を抱くが、一方では父親を愛してもいるために葛藤する。この無意識的な心の状態こそ、フロイト理論の中でもとりわけ有名な「エディプス・コンプレックス」である。

これは「幼児にも性愛願望がある」ことを示しているが、フロイトはこの考えをさらに展開させ、幼児期における性生活を発達段階に応じて描き出そうとした。その成果が、一九〇五年に発表された「性欲論三篇」という論文である。

この論文では、性器の快感や生殖だけに限定された「性愛」概念が大幅に拡げられ、身体の快感の総てが性愛の概念に含まれている。このことによって、口唇や肛門など、性器とは異なる身体部位の快感も性欲の対象と見なされるようになった。その結果、口唇期、肛門期、男根期、潜在期、性器期、というフロイトの有名な性発達理論が成立することになる。

このように、自己分析はエディプス・コンプレックス、幼児性欲の理論の確立に寄与している。『ヒステリー研究』で見いだされた性の問題は、最初は性的誘惑、性的虐待を病的原因とする誘惑理論を生み出したが、この理論が挫折し、自己分析によって再検討することにより、新しい理論が生まれたのだ。ヒステリー患者たちの語る性的誘惑の体験は事実ではなかったが、彼女たちが「性的誘惑の空想」を語ることには理由があった。自己分析はこの謎を解

図1－2　盲目のエディプスが娘アンティゴネーに連れられている（ヒルマッハー作）

き明かしたのである。

自己分析2――転移と抵抗の発見

自己分析は夢分析の方法やエディプス・コンプレックスの他にも、抵抗や転移など、精神分析にとって不可欠な多くの発見をもたらしている。

フロイトは自己分析の内容を手紙にしてフリースに送り、フリースからも意見をもらっていたため、自分一人だけで行った分析というより、手紙のやり取りを介した二人の関係の中で行われていたのであり、それは精神分析における治療者（＝フリース）と患者（＝フロイト）の関係に近いものであった。そのため、フロイトはフリースに対する「抵抗」と「転移」を患者の立場で体験し、その重要性を再認識することができたのだ。

当時、フロイトはほとんど神経症と言えるほど、心理的な負担を背負っていた。神経症の原因を性的な誘惑だと主張して多くの批判を浴び、しかもその直後に、この説を裏付けていた患者の話が事実とは異なることがわかり、大きな挫折を感じていた。ブロイアーが自分から離れていったこともショックだったが、決定的だったのは尊敬する父の死であった。こうしたことが続いたため、フロイトは暗鬱な孤独感と不安に苦しんでいた。

そうした状況のなか、フリースだけが自分の唯一の理解者だと感じられていた。それは強い信頼と呼ぶには、少々依存的とも言えるほどであった。しかし、こうしたフリースへの感情は、やがて父親との関係感情の「転移」であったことに気づかされる。

転移とは、過去の重要な人物への感情や反応が、現在の対人関係（治療関係）の中で再現されることだ。子供の頃、母親に依存し、愛情を向けていた男性患者は、女性の医師に母親の像を投影し、依存的態度、愛情を向けてくるかもしれない。母親への不満、憎しみも抱えていたとしたら、攻撃的な態度を向けてくる場合もあるだろう。また、父親に対して過剰な尊敬を抱いていた患者は、分析医に対しても過剰な尊敬を示し、信頼の情を隠そうとしないに違いない。まさにフロイト自身がそうであった。

フリースに対するフロイトの過剰な信頼は、父親に対する関係感情の転移であった。父親への愛情、信頼、尊敬が、フリースに向けられていた。フリースの中に父を見ていた、と言ってもよい。しかし、これは一種の幻想の上に成り立った感情であり、夢から覚めれば正気に戻るように、やがては失望する可能性を持っていた。しかも、フロイトには父親に対する無意識の競争心、敵意もあったので、その敵意はフリースにも向けられることになる。二人の関係には幻想的な思い込みがあり、最初から長続きするような性質のものではなかったのだ。

こうして、長い自己分析を経た後、些細なことで仲たがいが生じ、フロイトはフリースと決別している。しかし、この苦い経験は「転移」という現象を認識する上で、とても貴重な体験だったと言えるだろう。

また、フロイトは自己分析の過程において、何度か自分自身の無意識の「抵抗」を経験している。すでにヒステリー患者の治療への抵抗を経験し、ただごとではないと感じ取っていたフロイトだが、自己分析する一方で、思い出したくない、と感じている自分がいることに気づかされると、もはやこの現象の重要性を否定することはできなかった。

誰でも自分にとって都合の悪いことは、思い出したくないし自覚したくないものだ。フロイトにとって、母親への性愛願望、父親への憎しみは道徳心に反する都合の悪いことであり、当然、自覚したくはないだろう。なぜなら、母親に性欲を持ったり、父親を憎むような人間は、不道徳的でろくな人間ではないだろうし、自分がそんな人間であるはずはない、と信じたいからだ。そこには、立派な人間でありたい、不道徳的な人間でありたくない、という自我の欲望がある。

このように、人間は矛盾する二つの欲望を抱え、葛藤する存在であり、それを見出したところにフロイトの慧眼があり、人間性の本質に対する優れた洞察がある。相反する欲望があるからこそ、一方は抑圧されて無意識となり、意識しようとすれば抵抗が生じてしまう。フロイトの場合は、母親に愛されたい、だから邪魔な父親にいなくなってほしい、という欲望が抑圧されていた。それを自覚しようとすれば、そのような不埒《ふらち》な人間でありたくはない、という道徳心の抵抗が生じ、無意識のうちに抑圧しようとするのである。

フロイトは母親への性愛願望と父親への敵意を否定したいため、無意識のうちに抵抗していたが、やがて自らの抵抗に気づくことによって、自分の中にある無意識的な欲望の葛藤、幼児性欲、エディプス・コンプレックスを自覚することができた。しかもこの自己分析は、夢の分析を中心に行われていたため、そこから夢の理論が体系化され、一九〇〇年には主著『夢判断』が出版されている。また、フリースとのやり取りをとおして、転移に関する考えも整理されてきた。

こうしてフロイトの長い自己分析の旅は終わりを告げ、それは精神分析療法の基本原理として実を結ぶことになったのである。

　精神分析療法においては、まず患者に自由連想を指示し、思い浮かんだことはすべてそのまま話してもらう。しかし、無意識に抑圧された内容は意識したくないからこそ抑圧されているため、思い出そうとすれば無意識の「抵抗」が生じてしまう。抵抗は「転移」として現われることもあるが、転移は患者の過去の感情、親子関係を再現したものなので、抑圧された無意識を解釈する上で大変役に立つ。転移を利用して抵抗を解釈すれば、患者は自らの抵抗や転移を自覚し、抑圧されていた無意識も意識化できるようになる。すると、神経症の症状も解消されるのである。

　以上のように、夢分析、抵抗、抑圧、転移、エディプス・コンプレックス、幼児性欲といった精神分析の基本的考え方は、フロイト自身の自己分析に大きく依拠するものであった。このようなやり方に科学的な客観性はないのではないか、主観的な思い込みで作られた理論ではないのか、という批判もあるだろう。しかし、こうしたフロイトの理論が多くの人の心をつかみ、後の心理療法や人間論に大きな影響を与えてきたのは事実であり、単に非科学的という一言で切り捨てられる問題ではないはずだ。

　そもそも人間性の本質を理解する上で、内省という方法は欠かせない。人間を理解しようとするとき、私たちはまず、自分と同じことが他人にも言えるかどうかを考えようとする。人間一般に言えることが、自分にも当てはまるか否か、自己の内面に問いかけようとする。それは人間を客観的に観察するだけでは得られないような、重要な洞察を与えてくれるのだ。

　このような考え方は現象学的な思考と共通する部分が多く、人間性の本質を考える上で欠かすことができない。私たちは人間が何を求め、何を怖れているのか、またある状況において何を感じ、考えてしまうのか、自分自身の経験に照らし合わせながら、その答えを見出そうとする。そして、自分だけでなく、異なる立場や価値観の人も同じであるかどうかを吟味し、確かめ、そこに共通了解が可能な意味を見つけようとする。

これが本質学の観点から人間を考えるということであり、フロイト理論の本質を明らかにするためにも必要な観点なのである。

精神分析の隆盛期へ

自己分析を経て精神分析における基礎的な考え方が確立されると、精神分析への関心は急速に高まっていった。ウィーンではフロイトの下に多くの賛同者が集まり、アドラー、ランクらと作っていた水曜会という集まりも、一九〇八年には精神分析協会と名を改めた。

また、チューリッヒでは、ユングが言語連想実験によって無意識のコンプレックスを探ることに成功し、学会でも高い評価を得ていた。それはフロイトの無意識論を実証的に証明する可能性を示した研究であり、このためユングはフロイトから後継者として高い信頼を得て、一九一〇年に組織された国際精神分析学協会の初代会長となっている。

こうして、精神分析は世界中に認知され、注目されるようになった。それは次第に精神医療、心理学の枠を超えて、思想、文学、芸術にも影響を与えるようになり、多くの人々の関心を呼ぶようになったのだ。

理論的にも基本的な土台が築かれ、『夢判断』（一九〇〇年）における無意識論に加えて、幼児性欲やエディプス・コンプレックスなどの性欲論が重視され、「性欲論三篇」もこの時期に書かれている。そして、この頃からフロイトの神経症患者に対する無意識の解釈も、性欲を中心としたものになっている。一九一七年に出版された『精神分析入門』においても、初期の『ヒステリー研究』や『夢判断』に比べてかなり性欲論が前面に押し出されており、特に夢の解釈例は、にわかには信じがたいほど性的な解釈のオンパレードである。(7)

図1－3　アメリカのクラーク大学にて（1909年）
後列左からブリル、ジョーンズ、フェレンツィ
前列左からフロイト、ホール、ユング

しかし、こうした性欲論中心の理論展開の中で、アドラーやユングのように離反する弟子が現われたのも事実だ。アドラーは性欲よりも優越性への欲求こそが重要だと考えていたし、ユングは集合的無意識を中心とする独自の無意識論を模索していたからだ。特に後継者と目していたユングの離反は、フロイトにとって大きな精神的痛手とならざるを得なかった。(8)

また、それとほぼ同時期に第一次世界大戦が始まり、弟子や息子たちは召集され、各国の弟子との連絡も途絶え、診療も難しくなり、生活は次第に窮迫していった。食糧不足に加え、捕虜となった長男は消息不明となり、抑うつ感、絶望がフロイトを苦しめたのである。それはフロイトにとって、近代的な合理主義、科学への信頼が大きく揺らいだ出来事でもあった。人間の理性によって社会がよりよい方向へ進展し、科学技術によって生活が豊かになる、という近代の理想は、科学技術が戦争に利用され、合理的精神を持ったはずの人類が殺し合う、という状況を目の当たりにしたことによって、疑問を抱かざるを得ないものとなったのである。

欲動理論の修正――後期フロイト思想へ

一方、この第一次世界大戦の期間に、フロイトは多くの重要な論文を執筆しており、それも自己分析や患者の観察に依拠していない、推論と論理的な整合性だけに基づく思弁的なものが増えている。たとえば「ナルシシズム入門」(一九一四年)や「欲動とその運命」(一九一五年)といった論文では、「リビドー」や「欲動」といった概念を中心に性欲論を基礎づけようと試みている。晩年(後期)になると、これらの概念は「生の欲動」と「死の欲動」の二元論にたどりつくのだが、これについて論じた「快感原則の彼岸」(一九二〇年)は、かなり抽象的な論文である。

フロイト自身も、「私のごく近年の業績(『快感原則の彼岸』『集団心理学と自我の分析』『自我とエス』)の中で私は、いままではおさえていた思弁への傾向を思うままに働かせてみた」(「自己を語る」[9])と述べている。自らの理論を過信せず、絶えず検証し続けたフロイトには、まだまだ考えるべきことが山ほどあったのだ。

特に欲動についての考え方は、従来の理論に対して大きな理論修正を迫るものであった。フロイトによれば、「欲動の本質は、欲動の主要な性格、すなわち刺激の源泉が有機体の内部に由来するものであること、恒常的な力として現れることにある」(「欲動とその運命」[10])。欲動とは、ある行動へと駆り立てる無意識の衝動なのである。

すでに述べたように、フロイトは欲望の葛藤を中心に人間を理解し、神経症の病理を捉えていたが、それは最初、「性の欲動」と「自己保存の欲動」の葛藤として考えられていた。快楽を優先して性欲を自由に満たそうとすれば、周囲から批判されたり、自尊心が傷つく事態にもなりかねない。だから自我は自分を守るため(自己保存のため)、性欲を抑圧することになる。

しかし、幼児の自体愛に典型的なように、性の欲動は常に他者という対象にばかり向けられるのではなく、自己にも向けられることがある。性のエネルギーであるリビドーは、対象にも自我にも向けられるのであり、自我に性的な欲望が向けられた状態がナルシシズムなのである。だが自我にも性欲動が向けられるのならば、性欲動は自我に奉仕する面こそあれ、必ずしも対立するわけではない、ということになる。

そこでフロイトは、性の欲動と自己保存欲動を一本化し、「生の欲動」と呼ぶようになる。その一方で、フロイトは戦争という悲惨な状況から、人間の破壊的な衝動、死へと向かう欲動を考えるようになっていた。過去のトラウマ的な体験を繰り返し思い出す反復強迫は、こうした「死の欲動」によるものではないのか、そう考えるようになったのだ。これが「快感原則の彼岸」で論じられた、新たな欲動の葛藤であり、「生の欲動」と「死の欲動」の二元論である。

しかし、「リビドー」や「欲動」の存在は検証し得ないし、特に「生の欲動」と「死の欲動」の二元論に関しては、初期の理論に見られた欲望の葛藤に比べると、あまり説得力のある考えとは言えない。なるほど、人間には攻撃性の衝動がないかと言えば、誰でも多少はそうした面があるだろうし、その傾向が強い人も少なくない。だが、それは死の衝動が他者へ向け変えられたものだ、と考えるのは少々飛躍した論理のように思える。

だが、これだけでフロイト理論が後退している、と見るのは早計である。本質学の観点から考えると、むしろ一九二〇年代以降のフロイト理論には大きな前進が見られる。特に一九二三年に発表された「自我とエス」には、初期の理論を超える革新的な考え方が提示されている。

この論文において、フロイトは本能的な衝動を「エス」と呼び、それを無意識的な欲望の源泉と考えた。誰かの心ない言動に腹を立て、衝動的に怒鳴りつけたい気持ちが込み上げてきたのだが、その瞬間、身体にブレーキがかかったように、グッとこらえたとしよう。怒鳴ることでスカッとしたい。これはエスの欲望である。しかし、実際に怒鳴ってしまうと、その場の雰囲気を壊し、周囲から怪訝な目で見られ、軽蔑されてしまう可能性があるため、自我はエスの欲望を抑制する。また、こうした周囲への配慮、判断の基準は、幼少期に親の命令や期待、要求を内面化し、それによって形成された内的な規範の影響も受けている。フロイトはこうした内的な規範を「超自我」と呼び、無意識に行動を規定しているものだと考えた。

こうして「自我、エス、超自我」という三つの部分から成る新しい心のモデル、第二局所論が重視されるようになった。自我は外界（現実）の社会規範に従ってエスを抑えようとするだけでなく、超自我という内界の道徳規範にも従わねばならず、外界、エス、超自我の間にはさまれて激しい葛藤の渦に巻き込まれる。そのため自我は不安を生じ、無意識のうちに防衛機制（抑圧、置き換え、退行、反動形成などの無意識的な防衛反応）を働かせ、神経症の症状を生み出してしまうのだ。

フロイトは精神分析を創始した当初から性欲と道徳心の葛藤に着目していたが、自我の道徳心は意識的なものであり、無意識に抑圧された性欲と対立するのだと考えていた。つまり、神経症の原因は意識と無意識の葛藤として考えていたのである。

しかし、患者が治療において無意識の抵抗を示すことから、道徳心もまた無意識的であることに気づかされた。そして、その原因を探っていくうちに、幼少期から親に命令されたルールを内面に取り込み、それが無意識の道徳規範（超自我）になったのだろう、と考えるようになった。こうして性欲と道徳心の葛藤はエスと超自我の葛藤として捉え直されたのだ。

このように、フロイトは欲望の葛藤という問題をさらに練り上げ、より本質的な人間存在の理論を提起したと言える。なるほど、「性の欲動」に対する過大な評価や「死の欲動」については疑問が残る。だが、晩年の「自我の欲動」に関する理論については、自我の無意識面が見出され、超自我、自我理想について論じるなど、明らかに自我の欲望、欲望の葛藤について、より本質を捉えた理論になっているのである。

晩年のフロイト

一九二〇年代のフロイトは、死の欲動や超自我など、欲望の葛藤に関する理論だけでなく、不安の理論についても新たな視点で捉え直している。一九二六年に発表された「制止、症状、不安」においては、神経症の症状を「不安への防衛機制」として論じているのだ。不安は危険を告げる信号であり、危険に対処するための行動や身体反応を引き起こす。この身体反応や行動が異常な形で現われたものが神経症の「症状」というわけである。

この論文の十年前に書かれた『精神分析入門』では、リビドーが不安に変化する、という奇妙な不安論が展開されていたが、これは大幅に修正されている。去勢不安が根源にある、といった証明不可能な部分も残ってはいるものの、本質的に優れた不安論になっており、詳しくは後で論じるが、これは現代の精神病理論にも応用可能な考え方と言ってよいだろう。その意味で、晩年のフロイト理論は人間性の本質を明らかにした、卓抜な考えを含んでいる。

また、一九三〇年代になると、治療方法についてもかなり整理され、一九三七年の「終わりある分析と終わりなき分析」においては、自我分析とエス分析を分け、これを交互に繰り返すことで、抵抗を克服し、無意識を意識化する、という技法の原理が詳細に述べられている。これは自我論や不安論を中心とする諸々の理論修正を受けて、治療論がより精緻に吟味された結果であろう。

しかし、この時代はフロイトにとって、というより人類全体にとってだが、第二次世界大戦へ突入する過酷な暗い時代でもあった。ナチスの支配権が拡大するこの時期に、ユダヤ人であるフロイトがオーストリアで平穏に暮らすことなどできるわけがなかったのだ。

ユダヤ人への迫害が激しさを増す中で、弟子たちは次々と亡命し、精神分析関係の書物はナチスによって禁書として焼かれ、一九三八年にはついにナチスがオーストリアへ侵攻した。すでに顎の癌で病床にあったフロイトの自宅にもゲシュタポが侵入し、金品を押収。さらに徹底的に家宅捜索され、娘のアンナは拉致されてしまった。その後、アンナは帰宅を許されたが、この一件により、また弟子のジョーンズの説得により、フロイトは亡命を決意することになる。

図1－4 『精神分析学概論』の原稿を読む晩年のフロイト（1938年頃）

フロイトの出国を成功させるために、アメリカのルーズベルト大統領、ギリシア王弟の妻のマリー・ボナパルトらが尽力した結果、フロイト一家はウィーンに別れを告げ、ロンドンへ亡命した。ロンドンでは熱狂的に歓迎され、H・G・ウェルズ、シュテファン・ツヴァイク、マリノフスキー、ダリなど、著名人が次々に訪れたという。しかし、癌の進行によってフロイトは衰弱していき、一九三九年九月には敗血症を合併。その生涯を閉じたのである。

1856	フライベルクに生まれ、幼い頃ウィーンに移住
1881	ウィーン大学医学部卒業後、ウィーン総合病院神経科に勤務
1885	パリのシャルコーのもとで神経学を学び、神経科医として開業
	催眠暗示による治療を開始、後に**催眠カタルシス法**を確立
1895	**『ヒステリー研究』**（**精神分析**の確立へ）
1896	「ヒステリーの病因について」（**性的外傷説**を提唱）
1897	自己分析の開始
1900	**『夢の解釈』**（夢の分析を体系化）
1905	**『性理論三篇』**
1910	国際精神分析学会協会の設立
	第一次世界大戦、アドラーとユングの離反
1917	**『精神分析入門』**
1920	**「快感原則の彼岸」**（生の欲動と死の欲動）
1921	「集団心理学と自我の分析」（**「自我理想」**の概念を提示）
1923	**「自我とエス」**（第二局所論、後期フロイトの最重要論文）
1924	「マゾヒズムの経済問題」「エディプス・コンプレックスの崩壊」
1926	**「制止、症状、不安」**（不安論の集大成）
1933	『続精神分析入門』（後期フロイト理論の総括）
1937	**「終わりある分析と終わりなき分析」**（技法論の集大成）
1938	ナチスのオーストリア併合、イギリスへ亡命
1939	癌で死亡（享年93歳）

表1－1　フロイトの生涯と主要著書・論文

以上、第1章では、フロイトの理論がいかなる背景の下で形成されてきたのか、その生涯を辿りつつ、理論的な変遷の大まかな流れを追ってきた。以下の三つの章では、フロイトの理論を無意識、欲望、自我、といったテーマ別に、さらに詳しく検討していくことになるのだが、これらのテーマはフロイト理論の前期、中期、後期という三つの時期にほぼ対応する。

次章では、前期の夢理論を中心に、フロイトの無意識論について考えてみることにしよう。夢、錯誤行為、神経症の症状など、無意識が現われる行為、身体反応には、人間性の本質に関わる重要な意味を指し示している。まずはそこから考えてみたいと思う。

註

(1) S・フロイト「自己を語る」『フロイト著作集4』懸田克躬他訳、人文書院、一九七〇年、四四〇頁。
(2) S・フロイト「ヒステリー研究」『フロイト著作集7』懸田克躬・小此木啓吾訳、人文書院、一九七四年、一八〇頁。
(3) S・フロイト「ヒステリーの病因について」『フロイト著作集10』高橋義孝他訳、人文書院、一九八三年、一三頁。
(4) S・フロイト「精神分析運動史」『フロイト著作集10』二六五頁。
(5) 誘惑理論という性的外傷を病因とする説を放棄したことは、実際に幼児への性的虐待による精神疾患（PTSD、解離性障害など）が社会問題になっている現代では、フロイト批判につながっている。幼児の性的虐待は深刻な問題であるのに、フロイトはその事実を否定している、というわけだ。皮肉なことに、かつては性的外傷説を主張したことで批判され、現代ではその説を放棄したことで批判されているのである。
(6) J・M・マッソン編、M・シュレーター編ドイツ語版『フロイト　フリースへの手紙1887-1904』河田晃訳、誠信書房、二〇〇一年、二八四頁。
(7)『精神分析入門』は一般の人にもよく読まれているが、前半は簡明だが性的な解釈が続くため、疑問を抱く人も多いだろう。また、後半はかなり抽象的な理論が続き、入門書とはいえ、初心者が理解するには難しい内容である。それでも、晩年に書かれた「続・精神分析入門」とあわせて読めば、フロイト理論の全体像を知り得る貴重な文献であることは間違いない。

（8）アドラーは人間の欲望の中心に「優越性への欲求」を置き、個人心理学という独自の学派（アドラー派）を創設しており、フロイトの性欲論を批判しているし、ユングは個性化を重視し、集合的無意識、元型など、独特な無意識論を展開してフロイトと決裂し、分析心理学（ユング派）を創設した。アドラー、ユングの影響力は今日でも強く、フロイトとともに深層心理学の三大巨人と見なされている。

（9）S・フロイト「自己を語る」『フロイト著作集4』四六五頁。

（10）S・フロイト「欲動とその運命」『自我論集』竹田青嗣編・中山元訳、筑摩書房、一九九六年、一五頁。

第2章

無意識のはたらき――前期における無意識の考察

無意識の発見

フロイトは「無意識の発見者」として、心理学、精神医学の領域を超えて、哲学、思想、文学、芸術など、多様な領域に影響を与えてきた。特に心理臨床の領域では無意識が重視され、患者の無意識を知ることが治療の前提となっている心理療法も少なくない。だがすでに述べたとおり、実際には、フロイトの登場以前にすでに「無意識」は発見されていた[1]。十七世紀にはすでに「意識されない心の領域」があることは認識され、十八世紀から十九世紀にかけて、この問題は活発に議論されていたのだ。

その理由として、近代社会に広まっていた合理主義への反動として反理性主義、ロマン主義が台頭してきたため、と主張する人もいる[2]。十九世紀初頭に現われたロマン主義の思想や芸術は、啓蒙主義への反動、反合理主義の礼賛に満ちている。さらに十九世紀末には、ショーペンハウアーやニーチェが理性への批判を展開し、理性よりも感情や欲望こそ人間存在の根幹にあると主張している。そう考えると、近代における啓蒙主義への反動、理性主義への批判こそが、無意識への関心を高め、「無意識の発見」を促したのだという主張も、それなりに根拠のあるものだと言える。

しかし、無意識の存在を認めたいという心情が、非合理的なものへの礼賛であり、理屈では言い尽くせない未知なるものへの憧憬であるとしても、無意識の存在を多くの人々に確信させたのは、むしろ合理主義の思考だったのではないだろうか?

かつて夢遊状態は神や悪魔のしわざだと思われていた。しかし、こうした現象を合理的に考えようとすれば、心の外部にある超越的な力を素朴に信じることはできない。十八世紀に磁気療法で一世を風靡したメスメルは、夢遊状態、トランス状態を合理的に説明しようとした最初の人物と言えるかもしれない。

当時、ヒステリーによる痙攣発作は悪魔の仕業とみなされており、悪魔祓いの儀式を行う神父もいた。特にガスナー神父の悪魔祓いは有名で、彼は悪魔に命じて、患者に痙攣を起こさせるなど、奇跡のような行いで多くの人々から支持されていた。しかし、医師のメスメルはガスナーと同じように患者に痙攣を起こさせ、それを体内にある動物磁気のせいだと主張したのだ。

いまから考えれば、動物磁気など存在せず、単なる催眠術であることは明白である。だが重要なのは、痙攣の原因を悪魔という患者の外部に求めるのではなく、患者の内部に求めたことにある。夢遊状態の原因を心の外部ではなく、心そのものに帰するとき、心には当人にも意識されない部分がある、という想定がはじめて成立する。だからこそ、「無意識」という心の領域がある、と信じられるようになったのだ。

同様のことが「夢」についても言える。

フロイトの『夢判断』によれば、古代のローマやギリシアの時代には、夢は神やデーモンのお告げであり、外部からやってきたものであった。アリストテレスのように夢を魂の働きだと主張する者もいたが、キリスト教全盛期の中世ヨーロッパでは、夢は心の外部にある超越的な存在の仕業だと見なされていた。しかし近代になると、夢を心の働きとして捉える研究が生まれ、しかも夢は意図せざる心の現象であったため、意識されない心の働きがある、と考えられるようになったのだ。

こうして、近代に至って啓蒙主義が広まり、神や悪魔などの超越的存在への迷信を捨てたとき、はじめて無意識の存在が認識される可能性が生まれてきた。夢遊状態や夢など、自分の意図せざる行為や身体現象の原因を心の外部の存在に帰することなく、心の内部に求める考え方が生まれてきたのだ。それは、理解しがたい現象を合理的に説明しようとする試みであり、近代の理性主義、合理的思考こそ、「無意識の発見」をもたらしたと言えるだろう。

このように、無意識の発見が一方で理性の限界を示しているように見えるとしても、それは理性的思考による偉大な成果でもある。フロイト自身もまた、無意識を合理的に証明しようとしていた。彼は合理主義に批判的な現代哲学において、しばしば非理性主義を広めた偉大な思想家と見なされているが、彼自身は実証科学を信奉した近代的な合理主義者だったのである。

欲望としての無意識

ところで、無意識がフロイト以前に見出されていたのだとすれば、ではなぜフロイトの無意識論だけが注目を浴び、瞬く間に世界中へ広まったのだろうか?

フロイト以前に無意識への関心が生じていたとしても、それは一部の哲学者や催眠術師、精神科医、ロマン主義の芸術家の間だけであり、一般大衆の関知するところではなかった。フロイトがいなければ、これだけ急速に無意識の概念が社会全体に広まることはなかっただろう。また、現在の心理療法が無意識を重視しているのは、フロイトの精神分析から多大な影響を受けているからであり、そこには心の治癒につながる原理があるに違いない。フロイトの語る無意識は明らかに、それまで考えられていた無意識とは一線を画する独自なものだったのだ。

フロイト以前に認められていた無意識は、単に「意識されていない心の領域」という意味での無意識であり、具体的な内実は何も示されていなかった。それに対して、フロイトが指摘した無意識は「抑圧された欲望」という内実をともなっていた。この欲望としての無意識という観点こそ、多くの人に強いインパクトを与える力を持っていたのである。

近代以降、社会では個人の自由が重視されるようになり、民主主義の社会制度と自由に生きるための条件が広まっている。だがいざ自由になると、私たちは自分がどうしたいのか、どうすべきなのか、迷い、戸惑い、そして納得できる生き方を探し求めるようになる。自らの心に問いかけてみても、なかなか自分の本当の望みは見えてこないものであり、そのため、自分の本当の欲望を知りたい、誰かに自分のことを教えてほしい、と感じるようになる。自分が本当はどうしたいのか、どうすべきなのかが見えないからこそ、自分の中にある無意識の欲望を知りたいのである。

二十世紀になって精神分析が広まり、多くの人が関心を抱くようになった理由もそこにある。十九世紀において、無意識は一部の学者の関心事でしかなかったが、その後、一般の人々にまで関心が広まったのは、合理的思考への反動や非合理性への憧憬というよりも、自分の本当の欲望を知りたい、という動機からなのだ。そして、フロイトの語る無意識は、自分がどうしたいのかを教えてくれるような、魅力的なものであった。だからこそ、自分の本当の欲望を解読してくれる理論として、精神分析は熱狂的に受け入れられたのである。

ただ、フロイトは神経症の原因として性的欲望を中心に考えていたため、無意識の解釈においても性欲が中心になりやすかった。むしろそれが多くの人々の興味を惹き、注目されるきっかけになったとも言えるが、一方で、強い批判を呼び起こしたのも事実である。

なるほど、性欲ばかりを原因とするフロイトの無意識論に対して、私も疑問を感じないわけではない。しかし重要なのは、フロイトが無意識という現象の中に見出したのが単一の欲望ではなく、二つの異なった欲望の葛藤だという点にある。フロイトにとって、それはまず性的欲望と道徳心の葛藤であった。道徳心は性欲を抑圧し、他者の非難や軽蔑を回避しようとするのだが、その根底には自尊心を守ろうとする自我の欲望がある。抑圧された性欲は無意識の欲望となり、道徳心（＝自我の欲望）と葛藤する、と彼は考えたのだ。

ここには人間性の本質に関する深い洞察がある。人間は複数の欲望を抱え、どの欲望を優先すべきか悩むものだが、特に他者との関係や自己の価値に関わる自我の欲望は、身体的な快楽や愛を求める欲望と対立しやすく、葛藤を生みやすい。人間に自我の欲望がある限り、複数の欲望の葛藤は避けられないのだ。無論、それは何も性欲と道徳心の葛藤ばかりではないのだが、欲望の葛藤が人間の存在を大きく規定していることは間違いない。だからこそ、フロイトの無意識論は多くの人々の心を捉え、惹きつける力を持っているのである。

以下、フロイトが無意識の現われとして重視した、神経症（ヒステリー）、錯誤行為、夢に関する理論をとおして、フロイトがどのように無意識を考えていたのか、その内実について考えてみることにしよう。

症状として現われる無意識

フロイトが無意識の現われとして重視したのは、日常生活における錯誤行為、夢、そして神経症の症状であった。特に神経症の症状は精神分析の治療において重要な意味を持っている。フロイトが最初に無意識の存在を強く確信したのも、シャルコーによるヒステリー患者への催眠治療を見たときであった。彼はこのときの衝撃を次のように述べている。

催眠後の被検者の振舞いから、とくに「無意識」としか表現しようのない精神過程が存在するということが鮮明に印象づけられたことである。この「無意識的なもの」は、すでに長い間、哲学者の議論の対象となった理論的な概念であった。しかし、それが、催眠現象の中ではじめて実在するものとして把握しうるものとなり、実験の対象となったのである。(「精神分析要約[3]」)

催眠状態にあるヒステリー患者の行為は本人の意図せざるものであり、それは無意識の行為としか呼びようがないものであった。無意識の存在については、すでに哲学者が思弁的に論じていたのだが、催眠はそれが実在することを証明し、また実験的に出現させることができるため、科学者の研究対象となり得る可能性を示したのだ。

とはいえ、フロイトが催眠現象だけにこだわって無意識を考えていたなら、神経症の背後にある欲望の葛藤に気づくことはなかったかもしれない。なぜなら催眠による行為は催眠術師の暗示によるものなので、そこに個人的な動機や無意識の欲望を見出すことはできないからだ。しかし、人間は催眠下ではなくとも、自分でもわけのわからない行為をしてしまうことがある。それは、他者の望んだ行為ではないからこそ、当人が無意識に望んだ行為だと考えられるのだ。

フロイトも最初はヒステリー患者に催眠による治療を行なっていた。催眠暗示から催眠カタルシス法によって無意識を想起させることに治療の焦点を移しても、催眠が治療に必要であることに疑いはなかった。ところが幸か不幸か、フロイトはあまり催眠がうまくなかったため、催眠を使わずに無意識を想起させることはできないかと考え、その結果、患者の額を押さえながら思い出させる前額法という方法が試みられるようになったのだ。

このやり方では催眠状態にはないため、患者はなかなか思い出そうとせず、治療に抵抗しているように思われたが、皮肉なことに、まさにそのことによって「無意識の欲望」を抑圧しようとする力が見出されたのである。それは同時に、無意識にある「欲望の葛藤」の発見でもあった。

この点は、無意識を重視して催眠を使う他の精神科医たちと大きく異なっていた。たとえば、しばしばフロイトと比べられるジャネの場合、無意識は心的な外傷（トラウマ）によって、一部の記憶が解離されて生じるのであり、欲望の葛藤から抑圧が生じる、という考えはなかった。(4)

ここで、『ヒステリー研究』におけるエリザベートの症例を、いま一度思い出していただきたい。

エリザベートは両足の疼痛、歩行困難を訴えていたため、ヒステリーだと診断され、フロイトは前額法を用いてその原因を知ろうとした。横になって目を閉じてもらい、何か思い出せないかと質問すると、最初「何も見えません」と報告し、これを治療への抵抗と感じたフロイトは、「あなたは必ず何かを思い浮かべたはずです」と繰り返したずねた。すると彼女は、姉の夫と散歩した際、自分も義兄のような夫をもちたいと感じたこと、その数日後、散歩をした場所で義兄のことを思い浮かべ、両足に激しい痛みを感じたことを思い出したのであった。

姉が死んだとき、エリザベートは深く悲しむと同時に、これで私は義兄の奥さんになることができる、という考えが稲妻のように閃いたが、しかし、姉の死を喜んだと認めることは、彼女の道徳心が許せない。そのため、義兄への愛情を抑圧してしまったのではないか。そうフロイトが解釈すると、彼女は大きな叫び声をあげ、そんなことはないと激しい抵抗を示したのである。

この症例から、フロイトは次のように推論した。

無意識にあるのは自分にとって都合の悪い観念、道徳的な意識に反する欲望であり、だからこそ無意識に抑圧されるに違いない。エリザベートは義兄を愛していたが、姉に対する愛情と罪悪感から、義兄への愛情を無意識に抑圧してしまった。彼女が義兄への愛に関する観念を思い出しそうになると、「何も見えません」と言い張り、この愛情を指摘した後でもそれを否定したのは、姉に対する罪悪感のためなのだ。また、こうした無意識の「抵抗」は「抑圧」を引き起こした力の再現に違いない。おそらく、このような力があるからこそ、義兄への愛は直接的には意識化できないかたちに、すなわち「身体症状」（疼痛）へと転換して現われたのだろう。

これがフロイトの分析であったが、ここには無意識が抑圧された欲望であること、またその背景には、矛盾する二つの欲望の葛藤があることが端的に示されている。

このことは、患者の無意識の「抵抗」から明らかにされたのだと言える。もし同じ症例で催眠を使って効果があったなら、無意識の記憶はもっと簡単に思い出されたかもしれないが、無意識の「抵抗」（抑圧の力）は催眠によって抑えられたまま現われないため、そこに無意識の欲望があること、そしてその欲望が道徳心と葛藤していることを、彼は見出すことができなかったかもしれない。催眠を放棄したからこそ、治療に対する無意識の抵抗が顕在化し、抑圧という作用の働きを知ることができたのであり、またその働きの根底にある欲望の葛藤を認識できたのである。

こうして、フロイトは独自の無意識論を形成する足がかりをつかむことができた。催眠によって無意識を解明する可能性を感じつつも、それを放棄することで、大きな一歩を踏み出すことができたのだ。

しかし、より深く無意識の謎を知るためには、もっと誰もが経験するような、日常生活における無意識の現象を探らねばならない。ヒステリー患者から導かれた無意識論だけでは、神経症者に特有な問題にすぎない、と批判されてしまう可能性もあるからだ。より一般性のある観点から無意識を捉えるためには、誰もが経験するような無意識の現象に目を向けなければならなかった。

錯誤行為に現われる無意識

誰もが日常的に経験している無意識の現象として、フロイトが着目したのは「錯誤行為」であった。「錯誤行為」とは、「言い違い」「書き違い」「ど忘れ」「置き忘れ」「紛失」など、うっかり失敗してしまった行為のことであり、フロイトは「錯誤行為には隠された動機がある」と考え、「日常生活の精神病理学」の中で膨大な例を挙げながら論じている。また、『精神分析入門』においても、次のような「言い違い」の例を挙げている。

ある婦人が病み上がりの夫の食事について、「自分の好きなものは何でも食べていい」と言おうとして、「私の好きなものは何でも食べていい」とうっかり言ってしまった。フロイトによれば、そこには〈夫の食事を決めるのは私だけだ〉という自負心、隠された欲望が現われている。この婦人は「夫には好きなものを食べさせてあげたい」と意識的には思っているのだが、無意識では逆に、「私が選んだものだけを食べてほしい」という欲望があるのだ。

国会の議長が会議を開くにあたって、「ここに閉会を宣言します」とうっかり言ってしまった例もある。これは〈会議を開きたくない〉という隠された欲望が潜んでいるのである。

また、ある若い男性が見知らぬ婦人に「**begleiten**（おともする）しましょう」と言おうとして、「**begleidigen** しましょう」と言ってしまった場合、これは「**beleidigen**（陵辱する）」という言葉が「**begleiten**（おともする）」という言葉と結合している。こうした言葉の混合が起きるのは、意識された意図と無意識の意図という二つの意図が衝突し、干渉しあっているからだ。

フロイトによれば、「錯誤行為は決して偶然のものではなく、大まじめな心的行為で、固有の意味をもち、二つの異なった意図の共働、いや、もっと適切にいえば相互の衝突の結果として生

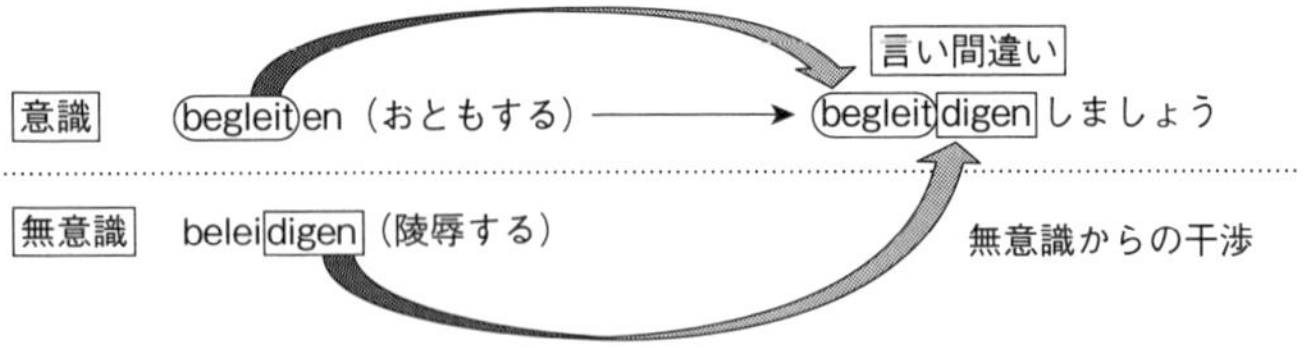

図2－1　言い間違いの構造

じたもの」（『精神分析入門』[5]）である。この例では、女性に「おともしましょう」と言った男性には、凌辱したいという無意識の欲望があり、言語的に発音が近かったために二つの言葉が結びつき、おかしな綴りの言葉を作り上げてしまったことになる。

このように、フロイトは錯誤行為の背後には無意識の動機、欲望があると考えていた。この動機は自覚したくない内容だからこそ無意識になっている。このあたりの事情はヒステリーの場合と同じで、意識しても構わないような動機であれば、無意識に抑圧される理由はないはずだ。つまり、そこには無意識の欲望と対立するような、抑圧を引き起こす力がある。

〈夫の食事を決めるのは私だけだ〉という自負心を自覚することは、よき妻であるというプライドに反するし、〈会議を開きたくない〉という欲望も、会議を進行しなければならないという義務感に反する。「beleidigen（陵辱する）」という欲望など、なおさら道徳心が許さないだろう。

義務感や道徳意識に反するような欲望を認めることは、自尊心を傷つけるような苦痛をともなうため、意識されないように抑圧の力が働く。しかし、抑圧された無意識の欲望もまた、自らの意図を実現しようとする力があり、意識されないまま、何らかの行為として現われようとする。それが錯誤行為を生み出すのである。

もっと言えば、完全に抑圧されていなかったからこそ、言い間違いが起きたとも言える。

錯誤行為や偶発行為も含めて、ごく些細な例にもまたきわめてはなはだしい例にも共通に認められる性質は、これらの現象の原因がいずれも、完全には抑圧されていない、つまり意識からしりぞけられてはいるが、表面に出てくる能力をすべて奪われてはいない心理内容に由来するということである。（「日常生活の精神病理学[6]」）

完全に抑圧されていれば、「言い間違い」のような、ふとした瞬間に意識に現われることはあり得ない。それは神経症の症状になる道しか残されていないのだ。しかし、抑圧が完全でなければ、普段は抑えられ、ほぼ無意識になっている欲望も、機会あるごとに現われようとする。

こうしてフロイトは、錯誤行為の中に無意識の動機、欲望を見出しただけではなく、この欲望と対立するような心的な力を見出した。それは主として自我の道徳意識の根底にある自尊心を守ろうとする力であり、道徳意識（自尊心を守りたい欲望）に反する欲望は無意識の中へ閉め出そうとする。つまり、そこには二つの異なった欲望の葛藤が存在する。錯誤行為は無意識の存在を確信させるだけでなく、その根底に「欲望の葛藤」があることを示す典型的な現象なのだ。

夢に現われる無意識

日常生活に現われる無意識として、もう一つ重要な現象が夢である。

私たちは自由に空想することはできるが、夢は自由にはならないし、意識的にコントロールすることはできない。そのため、夢は意識的に意図しない心を示しているものとして、無意識の存在を強く確信させる現象と言える。だが、フロイトにとって夢はそれ以上のものであり、それは無意識の働き、構造、メカニズムを端的に示す現象として、無意識を理解する上で欠かせないものであった。「夢判断こそは、無意識への王道であり、精神分析のもっとも堅固な基礎」（「精神分析について」[7]）だったのである。

では、夢という現象から無意識の何がわかるというのだろうか？

フロイトによれば「夢の内容はある願望充足であり、夢の動機はある願望である」（『夢判断』[8]）。夢の内容は無意識に抑圧されていた欲望を現わしており、その欲望を満たそうとする力が、夢を形成している、というわけだ。おそらく、多くの人はこの主張に疑問を抱くだろう。確かに、好きな人や食べ物が夢に出てくるなど、夢が欲望を示しているように思えることはある。だが、恐ろしい夢であったり、まったく理解不能な夢であるなど、到底、欲望を示しているとは思えない夢も多いし、むしろ大多数の夢は願望とは無関係に思える内容だ。

これに対してフロイトは、夢の内容は無意識の欲望を直接的に示すものではなく、歪曲され、偽装されている、と述べている。一見すると欲望を示すようには見えないが、実は欲望を示す内容が別の内容に偽装されている。正体がバレないように変装しているのである。

では、一体なぜこのような夢の歪曲が起こるのか、『夢判断』の中から例を挙げて説明しよう。

フロイトのある婦人患者は、女友達を夕飯に招待しようと思ったが、材料がなかったので断念した、という夢を見た。買い物に行こうと思ったが、日曜の午後なので店は閉まっているし、出前も電話の故障でできなかった、という夢だ。フロイトが夢の前日に何があったか尋ねると、彼女の家にその女友達が訪問していたこと、その際、彼女は「いつまた夕ご飯によんで下さる?」「もっと肥りたい」と言っていたこと、また夫がその女友達をほめていたことなどが思い出された。

図2－2　囚人の夢（シュビント）
フロイトはこの絵を欲望充足を示した夢の例だと考えていた

　この夢は「女友達に夕飯をご馳走したくない」という欲望を示している。夫は豊満な女性が好みであったが、彼女は痩せており、夕飯をご馳走すれば、女友達の身体はふっくらとし、ますます夫の賞賛を得ることになるだろう。それは彼女にとって悔しいことであり、また女友達を夫が好きになるという危険性もある。だから彼女にご馳走したくないし、夫にも会わせたくないのだ。

　しかし、それを自覚することは、彼女にとって都合の悪いことである。なぜなら、自分が嫉妬深い、心の狭い人間であることを認めるようなものであるからだ。だからこそ、「ご馳走したくない」という欲望を自覚しないように、夕飯に招待したかったのにできなかった、というような話に歪曲されているのであり、それによって彼女は「自分は嫉妬をするような女ではない」という自尊心を守っているのである。

次に、フロイト自身の教授任命に関わる夢について考えてみよう。

その夢の前日、フロイトは教授に任命されるかもしれないという噂を聞いていたが、それは宗教上の理由から考えても、かなり難しいことであった。夢の内容は、友人Rの顔をした人物が伯父ヨゼフとして現われ、フロイトは彼に対してかなりの親愛の情を感じている。また、友人Rの顔つきがいつもと違っていることなどが思い出された。馬鹿げた夢のように思えたが、フロイトはそれを自分の抵抗の現われだと気づき、分析に取りかかった。

フロイトの伯父ヨゼフは罪を犯して裁きを受けたことがあり、父が「ちょっと足りないところがある」（頭が悪い）と言いながら、心配していたことを思い出した。友人Rが伯父であるなら、フロイトは「Rには少し足りないところがある」と考えていることになり、それは認めがたい不愉快なことだという。フロイトはRを頭が悪いとは思っていないし、自分は友人をばかにするような人間ではない、と思っているからだ。

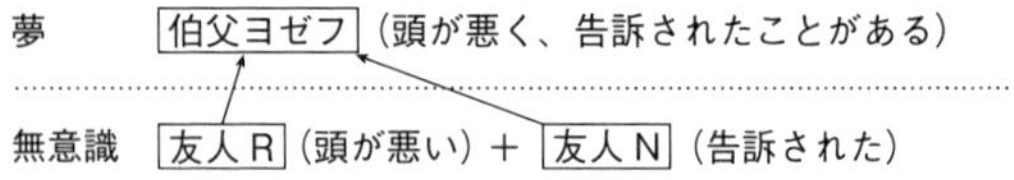

図2－3　フロイトの教授任命の夢

また分析の過程で、同僚のNも教授候補になっていたが、彼は告訴されたことがあるため、自分の昇進は難しいと言っていたことを思い出した。伯父も告訴されたことがあるため、夢の中の伯父は友人Rだけでなく、同僚Nでもある、ということになる。つまり、RとNの二人が伯父とすり替わっているのだ。

RとNはフロイトと同様、なかなか教授に任命されないでいた。その理由が宗教上の理由（ユダヤ人であること）であるなら、それはフロイトにも同じことが考えられるので、自分も教授昇進の見込みは薄いことになる。しかし、RとNが教授に任命されないのは、Rが「少し足りないところがある」馬鹿者で、Nが「告訴された」罪人であるからだとすれば、フロイトの教授昇進には十分な見込みがあることになる。つまりこの夢は、フロイトの「教授になりたい」という欲望を満たそうとするものだったのである。

しかし、自分が教授になるために二人の友人を貶めたのだとすれば、それはフロイトにとって納得しがたいことだ。なぜなら、自分は友人をないがしろにするような人間ではない、と思っているからだ。第一、彼は夢の中でもRの顔をした伯父に親愛の情を感じている。ところが、この親愛感こそRが馬鹿だという自分の主張を隠すものであり、潜在内容が歪曲（偽装）されたものなのだ。それはNに対しても同じことが言える。最初に馬鹿げた夢だと思ったのも、この不愉快な自分の主張に直面したくなかったのである。

イルマの注射の夢

フロイトの挙げた夢の事例の中で、「イルマの注射の夢」は特に有名だが、最後にこの事例について触れないわけにはいかないだろう。

フロイトはヒステリー患者であるイルマに精神分析を施した結果、ヒステリー不安は減少し、部分的には治療に成功していたが、身体症状は完全には消滅していなかったので、この点を同僚のオットーに指摘され、不快感を抱いていた。そうした中、フロイトは次のような夢を見た。

大きなホールに多くの客がおり、その中にイルマもいる。イルマは喉の痛みを訴え、フロイトはイルマに「まだ痛むといったって、それは実際に君自身の咎なのだ」と言うと、イルマは「わたしがどれほど痛がっているか、頸、胃、お腹なんかがどんなに痛いか、おわかりかしら。まるで締めつけられるようなんです」と言った。フロイトがびっくりしてイルマを凝視すると、蒼白く、むくんでいる。これは内臓器官関係のことを見落としていたかなと思い、（窓際に連れて行って）喉を診ようとすると、イルマはちょっといやがる。右側に大きな斑点、別の場所に鼻甲介《びこうかい》状の縮れた形の白灰色の結痂《けっが》がある。

ドクター・Mを呼んで診てもらうと、間違いないという。友人のオットーもレーオポルトも傍にいる。Mは「これは伝染病だが、しかし全然問題にならない。その上、赤痢になると思うが、毒物は排泄されるだろう」と言った。どこからこの伝染病がきたかも分かっている。オットーが、イルマが病気になって間もない頃にプロピュール製剤を注射したのだ。この注射はそう簡単にはやらないものなのだが……おそらく注射器の消毒も不完全だったのだろう、とフロイトは考えた。

以上が夢の内容だが、最初のイルマとの会話は、まだイルマが痛みを持っているとしても、それに対してフロイトは責任を持ちたくないことを意味している。また、蒼白く、むくんでいたある女性と、ディフテリアと診断されていたイルマの親友（白い斑点はディフテリアを意味する）の二人が、イルマとすり替えられている。そして、イルマの苦痛の原因がディフテリアによる器質的なものならば、フロイトはその苦痛に責任がないことになる。それはヒステリーによる心理的な問題ではなく、身体の病気が問題なのだから。しかし、イルマをディフテリアという重病にしたままでは良心が咎めるため、「全然問題にならない」というMの慰めの言葉が必要となったのだ。

オットーとレーオポルトの二人が登場するのは、用心深いレーオポルトを賞賛し、プロピュール製剤を注射した（軽率な）オットーを批判するためである。前日、フロイトはイルマについてのオットーの発言の中に、自分への非難を感じていたため、やり返したいという欲望があったのだ。

以上が分析結果だが、フロイトはこの分析の遂行にあたって、あまりにも多くの思いつきが浮かび上がってくるので、それを追い払うのに苦労したと述べている。結局、この夢の結論は、現在のイルマの苦痛に対しては私の責任ではなくオットーに責任がある、ということになる。そこには、自分は間違った治療をしていない、という欲望と、自分を責めたオットーに仕返ししたい、という欲望が潜んでいるのである。

夢の作業

代表的な夢分析の例を見てきたが、フロイトは夢に現われたイメージを暗号のように読み解いている。夢に現われた形象は一種の象形文字のようなものであり、「もしわれわれがこれらの象形文字記号を、その記号関係に従って読もうとせずに、その形象価値に従って読もうとしたならば、必ず迷路に踏み込むに違いない」（『夢判断』(9)）。そして、この暗号の裏に隠された意味は、必ず無意識に抑圧された欲望を示している。

なぜ無意識に抑圧された欲望は、夢になって意識化される過程で歪曲され、暗号化され、隠されてしまうのかと言えば、それはその欲望が社会規範や道徳、自尊心に反するものであり、意識したくないものであるからだ。

不倫願望などのように不道徳な欲望があったとしても、世間の目を気にしたり、道徳心があれば、その願望をがまんしたり、否定しようとするだろう。この葛藤があまりにも激しく、また自らの欲望を恥じたり、否定したいものだとすれば、無意識に抑圧されてしまうのだが、抑圧された欲望は解消されることなく、無意識の中で働き続け、意識という表舞台に出ようと機会をうかがっている。錯誤行為、神経症の症状と同様に、夢もまた、そうした無意識の欲望が現われようとする場所なのだ。

しかし、そうした欲望は自覚したくない、意識したくないからこそ、抑圧されたのであって、夢に現われようとしても抵抗が生じ、再び抑圧しようとする力が働き、この欲望を無意識に押し戻し、隠そうとする。そこで無意識の欲望は偽装工作をし、変装して夢に現われようとする。正体を隠していれば、バレずに（欲望の自覚が生じないかたちで）夢に出ることができるからだ。夢に出る際には検閲があり、夢に出ても大丈夫かどうかチェックされるのだが、この偽装工作によって検閲を潜り抜けられれば、夢に出ることができるのである。

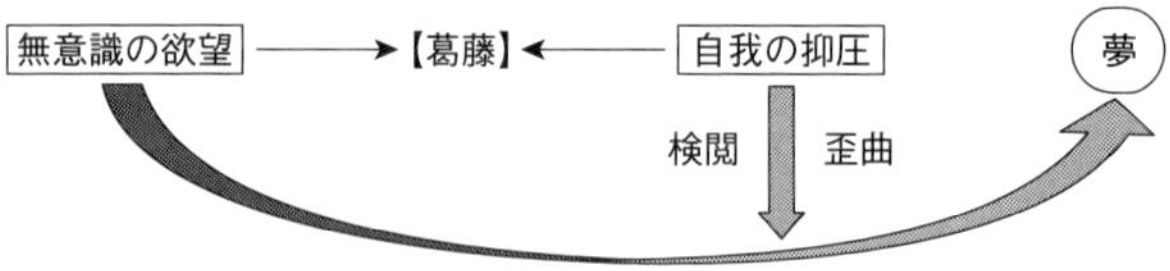

図2－4　夢の検閲・歪曲

このように、フロイトは夢の解読をとおして、無意識の欲望を実現しようとする力と、それを抑圧しようとする力の葛藤を見出した。夢はこの二つの力がぶつかり合い、妥協した産物と言ってよい。それは、正体がバレないように変装すれば夢に出てもよい、という妥協であり、無意識の欲望に関する形象は検閲を加えられ、夢に出ても大丈夫な形に偽装（歪曲）されるのだ（図2－4）。

フロイトは、夢の物語るものを「夢の顕在内容」（顕在夢）、隠されている夢の内容を「夢の潜在思想」（潜在夢）と呼び、無意識の欲望に関わる潜在思想を形象化し、偽装（歪曲）し、都合のいい形に変更したものが夢の顕在内容だと述べている。この偽装工作こそ夢を形成する「夢の作業」なのである。

夢を分析し、解読するためには、夢の作業と逆の方向をたどり、顕在夢から潜在夢を導き出す必要がある。夢の作業によって偽装工作が施されているため、夢の分析はこの偽装、歪曲がどのようになされているのかを考察し、無意識の欲望という正体を暴き出さねばならない。では、どのように夢は偽装されるのだろうか？

夢の作業には「圧縮」「移動」「造形的表現」「二次加工」などがある。

「圧縮」（凝縮）とは潜在要素が脱落したり、融合することで生じる変化であり、たとえばAとBという二人の人物が圧縮されて一人の人物として夢に登場した場合、この混成人物はAのような顔つきだが、行動や癖はBのようでもある、という具合になる。フロイトの「教授任命の夢」においては二人の友人が伯父として現われたのも、「イルマの注射の夢」においてはイルマが中毒

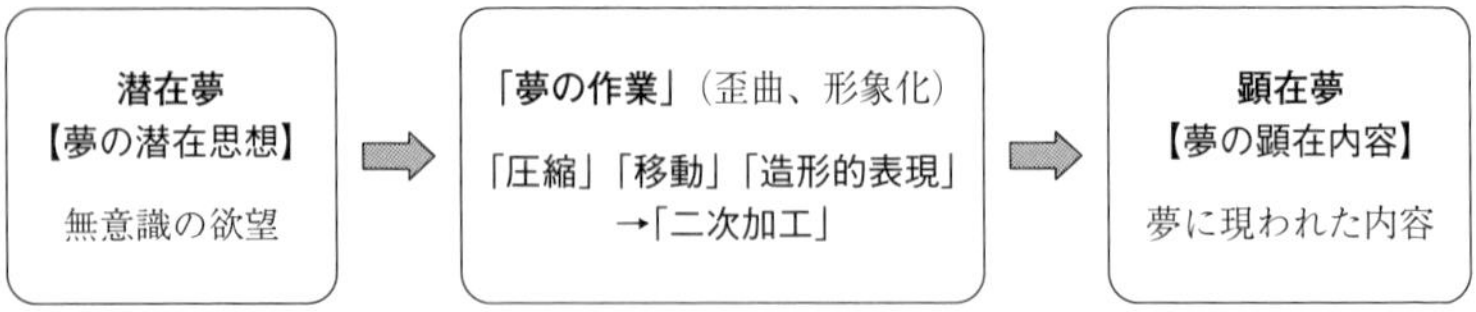

図2－5　夢の作業

のために死んでしまった女性患者など、複数の人物の特性を含んでいるのも、いずれも圧縮が起きたのである。

次に「移動」（置き換え）だが、これは関係ないものによって代理される場合と、重要でない要素にアクセントが移る場合がある。潜在思想の中で強い関心のあった要素は、価値の低い別の要素に置き換えられて夢に現われる。それによって、本来は無意識の欲望を示す重要な要素が、まるで重要ではないかのような外観を示し、その欲望が意識されないように偽装されているのだ。

また、「造形的表現」とは潜在思想を視覚像に翻訳する作業であり、「二次加工」とは夢を筋の通った構成物にする作業。夢は視覚的な映像で展開されるが、夢の作業によって圧縮や移動が起きているので、支離滅裂だったり、意味不明な断片が多くなる。二次加工はそれを何とか意味のあるストーリーに組み立てる作業であり、だからこそ、夢は一見すると意味のある物語のように見えるのだ。

このように、夢の作業は無意識の欲望が夢という意識の舞台に出るに際して、出ても大丈夫かチェックし（検閲）、出ても正体（欲望）がバレないように偽装する。「圧縮」「移動」「造形的表現」「二次加工」という偽装作業をとおして、無意識の欲望を巧妙に隠蔽しつつ、その欲望が充足できるような物語を紡ぎあげるのだ。

無意識の力動性

以上のような夢の考察から、フロイトは無意識における「力動性」という特質を確信することになった。フロイト以前にも無意識の研究はされていたが、それは単に潜在的な観念として思い描かれていた。しかし、フロイトは神経症の症状、錯誤行為、夢といった現象を分析するうちに、無意識の欲望は単に潜在的なだけでなく、その欲望を実現するために意識に現われようとして、活発に活動している、と考えるようになったのだ。

われわれが従来ただたんに記述的な意味で用いてきた無意識的という表現は、今や拡大された意味をもつにいたった。それはたんに潜在的観念一般をいい表わすだけでなく、とくに一定の力動的な性格をそなえた観念、すなわち、強烈で、働きつづけているにもかかわらず、意識の面には近づかない観念をさすのである。(「精神分析における無意識の概念に関する二、三の覚書」[10])

潜在的なまま強く働き続けている観念、それでいて思い出そうとしても思い出せない観念、それこそが本来の「無意識」だと考えたフロイトは、それまで無意識と呼ばれていた単に潜在的な観念、注意を向ければすぐに思い出せるような観念を「前意識」と名づけ、「意識」「前意識」「無意識」の三つの領域からなる心のモデルを作り上げた。これは「第一局所論」と呼ばれてい

無意識の欲望（意識化）→〔葛藤〕←（抑圧）自我の道徳心 ⇒ 夢、神経症、錯誤行為

図2－6　欲望の葛藤とその妥協の産物

る。

無意識はもはや、その時に潜在的だったものに対する名称ではありません。無意識とは、独自の願望の動き、独自の表現形式、およびそれ以外の世界では活動していない独自の心的機制をもった特殊な心的領域なのです。（「精神分析入門」[11]）

この「力動性」の考え方こそ、従来の無意識論とは異なる、フロイトの革新的な認識であった。その根底にあるのは、欲望の葛藤という人間性の本質への深い洞察である。

無意識に抑圧された欲望、それに関わる観念には、欲望の実現を目指して意識に浮かび上がろうとする力がある。しかし、この欲望は自我の欲望に反する都合の悪いものなので、再び抑圧の力が働き、その欲望に関する観念を無意識に押し戻そうとする。たとえば、配偶者のいる人を愛し、自分のものにしたいと思っても、この不倫願望は自我の道徳心（不道徳的な人間でありたくない、周囲に非難されたくない、という欲望）に反するので、無意識に抑圧され、無自覚になることがある。この場合、抑圧された欲望は意識に浮上し、欲望を実現しようと働きかけるのだが、道徳心によって抑圧しようとする力も働くため、意識化できないのだ。

こうして、無意識に抑圧された欲望の力と自我の抑圧の力が対立し、睨み合いが続くのだが、妥協が生まれる場合もある。それは、自我にバレないようなかたちでなら、意

識の表舞台に現われてもよい、という妥協である。それなら自我の不安を招く心配もないからだ。そこで、無意識の欲望はすぐには意識できないかたちへ変化する。たとえば、夢の場合ではその欲望に関する表象は歪曲されているし、ヒステリーの場合では身体的反応に転換されている。これは無意識の欲望が自我の抑圧を受けないように妥協し、意識されないように変化した結果なのだ。

このように、無意識の欲望と自我の道徳心が対立し、どちらを優先すべきか葛藤し、その妥協の産物として夢や神経症の症状が生まれてくる。時には無意識の欲望がふいに意識に顔を出し、錯誤行為になる場合もあるだろう。これは無意識の力動性を考えたとき、はじめて説明のつく現象だったのであり、フロイト以前にこのような考え方を示した人間はいなかった。

こうして精神分析における無意識論が確立したのだが、この時点（前期）においては、まだ自我の道徳心は意識的なものと見なされていた。自我は意識的なものとして無意識と対立し、抑圧を惹き起こす、と考えられていたのだ。

だが、この理論は晩年になって修正されることになる。なぜなら、フロイトは治療において無意識の抵抗を経験するうちに、自我の抑圧は無意識的なものであることに気づかされたからである。それゆえ晩年になると、意識と無意識

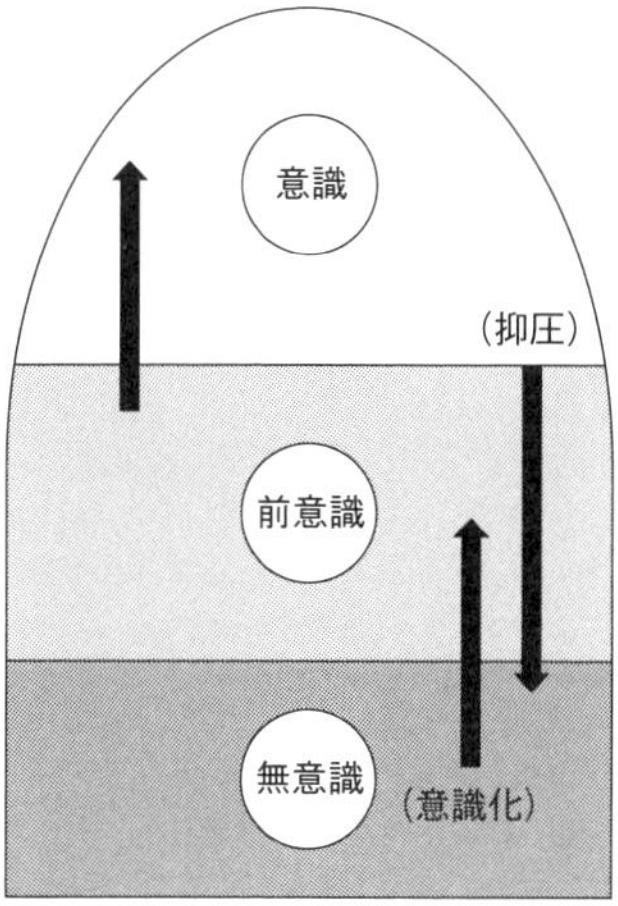

図2－7　初期の無意識モデル（第一局所論）

の対立ではなく、無意識の欲望と自我の対立を軸にした心のモデルを構想するようになる。これは「第二局所論」と呼ばれ、エス、超自我など、新たな概念を導入した心のモデルだが、こうした後期のフロイト理論については第4章で詳しく論じることにしよう。

ともあれ、フロイト理論は神経症、錯誤行為、夢といった現象から、力動的な無意識論を完成させることになった。これは無意識を力学的なメカニズムとして想定した理論だが、そのメカニズムを実証する術はないので、ひとつの仮説にとどまらざるを得ない。しかしたとえそうだとしても、本質学の観点から見れば、この理論は「欲望の葛藤」という人間性の本質を鋭く捉えている。そこがフロイト以前に存在した無意識の認識とは大きく異なる点である。

フロイトによる無意識の発見とは、単に意識を超えた心の領域の発見というだけではない。また、人間の非理性的側面の発見というだけでもない。それは、人間が複数の欲望の葛藤を抱えた存在であること、この葛藤こそ人間の行為を大きく左右していること、そうした人間性の本質の発見だったのである。

註

(1)心理学者のアイゼンクは「フロイト以前に、多くの哲学者、心理学者、それに生理学者までもが無意識を想定していた事実に疑問の余地がありません。フロイトが「無意識」を発見したと考えるのは、まったくナンセンスです」(H・J・アイゼンク『精神分析に別れを告げよう』宮内勝・中野明徳・藤山直樹・小澤道雄・中込和幸・金生由紀子・海老沢尚・岩波明訳、批評社、一九八八年、二三六頁)と述べている。多くの研究者がフロイト以前に無意識を肯定し、研究していたのは事実であり、このような批判の声が上がるのも無理はないだろう。

（2）たとえばエレンベルガーは「啓蒙主義が理性の価値と社会の価値を強調したのに対し、ロマン主義は不合理なもの、個人的なものを礼賛した」（H・F・エレンベルガー『無意志息の発見（上）』木村敏・中井久夫監訳、弘文堂、一九八〇年、二三七頁）と述べており、無意識の研究がロマン主義哲学の影響を受けていることを繰り返し強調している。

（3）S・フロイト「精神分析要約」『フロイト著作集11』高橋義孝他訳、人文書院、一九八四年、一三五頁。

（4）フロイトよりも先にジャネが無意識の重要性を理解していた、という批判がしばしばなされるが、これについてフロイトはこう述べている。「ジャネの意見では、ヒステリーの患者とは、自分の体質的な弱さのために、その心的な行動を統一することのできないあわれな人間であった。このためにヒステリー患者は心的の分裂状態をきたし意識の狭隘化におちいってしまったのである。しかし、精神分析による検討の結果からいうと、この現象はあるダイナミックな要因による帰結、すなわち、心的なコンフリクトと完遂された抑圧との帰結であった。私はこの差異からくる結果はかなり大きいものがあって、精神分析において価値のあるものはすべてみなジャネの思想に借りてきているのだ、などという噂に終止符をうつものだと思った」（S・フロイト「自己を語る」『フロイト著作集4』懸田克躬他訳、人文書院、一九七〇年、四四二頁）。ただ、現在のPTSDや解離性障害の患者を診る機会が多かったジャネにしてみれば、問題は欲望の葛藤ではなくトラウマによる防衛だと考えたのは、当然だったと言えるかもしれない。

（5）S・フロイト「精神分析入門」『フロイト著作集1』懸田克躬・高橋義孝訳、人文書院、一九七一年、三三二頁。

（6）S・フロイト「日常生活の精神病理学」『フロイト著作集4』一九七〇年、二三六頁。

（7）S・フロイト「精神分析について」『フロイト著作集10』高橋義孝他訳、人文書院、一九八三年、一五八頁。

（8）S・フロイト「夢判断」『フロイト著作集2』高橋義孝訳、人文書院、一九六八年、一〇二頁。

（9）同前、二三一頁。

（10）S・フロイト「精神分析における無意識の概念に関する二、三の覚書」『フロイト著作集6』井村恒郎・小此木啓吾他訳、人文書院、一九七〇年、四五頁。

（11）S・フロイト「精神分析入門」『フロイト著作集1』一七四頁。

第3章

欲望の精神分析——中期における性欲論の展開

性の問題への関心

　夢の分析を中心にフロイトの無意識論を見てきたが、彼が無意識の中に見出したのは抑圧された欲望であった。そして、フロイトが欲望の中で特に重視していたのが性的な欲望である。

　一九〇〇年に出版された『夢判断』における事例では、特に性的な欲望に関する解釈が目立つわけではない。しかし、一九一七年刊行の『精神分析入門』[1]では、夢分析のほとんどは性的な欲望に関するものになっている。しかも、夢の象徴表現を多用したやや強引な解釈も少なくない。この時点でフロイトの考える無意識の欲望は、ほとんど性欲が中心になっていたと言える。

　すでに述べたように、もともとフロイトは一八九〇年代の半ば頃から、神経症には性の問題が深く関わっているのではないか、と考えていたが、それは性的欲望の問題というより、性的虐待、性的誘惑の問題として捉えていた。彼の患者たちが、幼い頃に性的な誘惑を受けたと思われる記憶を語ったため、それを真実だと信じ、性的誘惑による心の傷（トラウマ）こそ神経症の原因である、と考えていたのだ。だがその後、患者の話が事実ではなかったことが判明し、フロイトは自己分析をとおして、性的誘惑の記憶は幼児期に抱く親への性愛願望が作り上げた幻想だ、と考えるようになった。幼児性欲やエディプス・コンプレックスの理論など、精神分析の中核となる性欲論が確立していったのである。

　しかし、フロイトが性的誘惑の記憶を幻想と見なしたことは、現在、厳しい批判を受けている。それは、親による幼児への性的誘惑や性的虐待が増加し、そのトラウマによる心の病（ＰＴＳ

D）が深刻な社会問題となっているため、幼児期の性的虐待を幻想とみなしたフロイトに対して、批判的な目が向けられるようになったのだ。
性的虐待のトラウマに詳しいハーマンもこう述べている。「ヒステリーの心的外傷説が廃墟と化した中から、フロイトは精神分析を創始したのであった。二十世紀の心理学理論の主流は女性たちの現実を否認した、その上に築かれたわけである」（『心的外傷と回復』(2)）、と。

ただ、ハーマンの主張が全面的に支持されたわけではない。一九九〇年代において、催眠療法によって幼児期の性的虐待を思い出した女性患者が虐待した父親を告訴する、というケースがアメリカで相次いだが、虐待の記憶は催眠によって作られた可能性があるとして、この訴えの多くは棄却されている。認知心理学者のロフタスは記憶が捏造されやすいことを実験的に検証し、思い出された幼児期の虐待に関する記憶についても、虚偽の記憶の可能性があることを示したからだ。

フロイトも幼児期の記憶については、捏造されやすいものだと考えていた。「隠蔽記憶について」という論文でも、「われわれの幼児期記憶が示してくれる幼児期というものは、昔のままの幼児期ではなく、むしろのちの再生の時点になってそれがどう現われたかを示している(3)」と主張し、幼児期の記憶は想起（再生）された時点で歪曲され、空想が付加されて形成されたものだと述べている。

フロイトは別に幼児虐待の現実やトラウマの影響を否定したわけではない。現代において性的虐待によるＰＴＳＤ、解離性障害が増えているのも事実だ。ただ、心の治療において重要なのは、患者の語る幼児期記憶が事実であるかどうかよりも、患者がその記憶を事実と見なしている点にある、とフロイトは考えていた。要するに彼が重視したのは、患者の主観にとっての現実（心的現実）なのである。

なるほど、患者がその記憶に苦しんでいる以上、その記憶が事実であろうとなかろうと、それにともなう苦しみが現実であることに変わりはない。心理的治療において重要なのは患者の記憶の真偽ではなく、記憶に対する苦しみの現実性である。そしてフロイトは、患者が心的現実に執着する理由にこだわり、そこには何らかの無意識の欲望が潜んでいる、と考えた。夢の内容が無意識の欲望によって歪曲されているように、記憶もまた、無意識の欲望によって歪曲されているのではないのか、と。

このように、フロイトは患者の性的誘惑の記憶が事実ではないと知ったとき、なぜ患者はそのような幻想を抱くのか、そこにどんな願望が潜んでいるのかを知ろうとした。そして自己分析をとおして、患者の性的誘惑の幻想は親への性愛願望の現われではないか、と考えるようになった。こうして、エディプス・コンプレックス、幼児性欲など、性欲論の中核的な考え方が形成されたのである。

性的欲望とは何か？

フロイトの性欲論には当初から批判が多かった。現在でも、すべてを性欲のせいにする汎性欲論者だと批判する人は少なくない。幼児に性欲があるという理論や、幼児期に異性の親に性愛願望を抱くというエディプス・コンプレックスの理論も、なるほど、にわかには信じがたい面がある。しかし、これらの理論が科学的には実証しがたいものだとしても、その本質を捉えるなら、決して無意味な空論とは言い切れない。

まず、人間の行為や態度、思考の根底には、必ず何らかの欲望が関わっていることは確かであり、その意味で、フロイトが人間存在を規定するものとして「欲望」を置いたことは、本質的に正しいと言える。後にフロイトの性欲論への批判として、アドラーが優越性への欲望を掲げたり、フランクルが意味への意志を強調したり、ロジャーズが自己実現への欲求を重視しているが、そもそも欲望を無意識の根底に据えたのはフロイトが先駆者なのである。

また、フロイトが性的欲望にこだわっていたのは確かだが、性的欲望を性器の結合（セックス）への欲望よりも広い意味で捉えていた。「性的 sexuell と性器的 genital という二つの概念をはっきり区別することが必要である。前者はより広い概念であって、性器とは何ら関係ない多くの活動をも包含している」（「精神分析学概説」[4]）と述べているように、「性的」という言葉には次の二つの意味が込められている。

第一に、性器以外の身体の快感も広い意味での「性的」快感であり、性的欲望はこうした快感への欲望を含んでいる。幼児は早くから口唇や肛門といった身体部位に快感を求めるし、大人になっても性器以外の身体部位に快感を求める人もおり、これも性的欲望と呼ぶことができる。第二に、愛情を求める欲望も広い意味での性的欲望であり、フロイトは「自己を語る」において、愛や友情も性的な感情の中に数えることができる、と明言している[5]。

さらに言えば、フロイトは神経症の原因を性欲のみに還元した、と一般的には思われているが、厳密には、性的欲望と道徳心の葛藤を神経症の原因と見なしていた。そして、道徳心の根底には自我の欲望があるため、異なる欲望の葛藤こそが問題だと考えていたのだ。

性的欲望のおもむくままに行動すれば、周囲の人々に白い目で見られ、非難される可能性があるため、自尊心を守るためには性的欲望をある程度まで抑制せざるを得ない。この「自尊心を守りたい」という欲望（自我の欲望）は性的欲望と対立、葛藤する関係にあり、フロイトはこの葛藤を、誰にでも生じる人間の一般的な存在様態として考えていた。神経症は、この葛藤が原因で抑圧その他の無意識的な心の防衛反応が起きた場合に限られる。

このように、フロイトが問題にしていたのは狭義の性欲だけでなく、身体的な快感への欲望、愛情への欲望、そして自我の欲望を含む広範な人間の欲望であり、それらの間に存在する葛藤であった。このことは、彼が人間の欲望とその葛藤の本質を鋭く捉えていたことを意味する。

人間は単一の欲望だけに規定されているのではなく、複数の欲望を抱え、絶えず葛藤している存在である。だからこそ、一方の欲望を優先するために、もう一方の欲望が抑圧され、無意識になる場合が生じてくる。その典型的パターンが、性的欲望と自我の欲望が葛藤し、性欲が抑圧される場合なのである。無論、性欲だけが欲望の葛藤に関わるわけではないし、様々な欲望の葛藤が生じ得るはずであり、フロイトが性欲に関する葛藤だけを特別に重視している点には疑問も残る。しかし、「欲望の葛藤」に着目した点は慧眼であり、人間性の本質を的確に捉えていると言ってよいだろう。

ただ、フロイトは生物学的な観点から、人間の欲望の根底に「欲動」という本能的な衝動の存在を仮定しているため、問題はもう少し複雑である。彼の考えでは、性的欲望の根底には「性欲動」が、道徳心の根底には「自我欲動」が存在し、性欲動にはある種のエネルギーがともなっている。この性的なエネルギーを「リビドー」と呼び、リビドーが何に向けられているのか、どれだけ多く注がれているのか、といったように、実体的に論じているために、欲望の葛藤という人間性の本質が見えにくくなっているのである。

したがって、私たちはこの点に留意しながら、フロイトの性欲論を理解する必要がある。以下、フロイトの性発達論、エディプス・コンプレックスについて説明するが、その際、本質学の観点から各発達段階の意味を考えてみることにしよう。

口唇期と関係のよろこび

フロイトによると、人間の性的な欲望は大人だけにあるのではなく、幼児期にもすでに存在する。ただ、それは他者への性的欲望ではなく、自己の身体を対象とする「自体愛」であり、この身体的な快を感じる部位（性感帯）は、発達に応じて「口唇《こうしん》→肛門→性器」といった具合に、その中心が段階的に移行する。そのため、フロイトはこの段階に応じて、次のように発達の時期を区分している。

まず、母親の乳房を吸う乳児期は、くちびるの快感が主要な性的快感となるため「口唇期」と呼ばれている。口唇期の次に訪れるのが「肛門期」であり、排便の訓練をはじめる一歳半頃にな

口唇期 → 肛門期 → 男根期 → 潜伏期 → 性器期
（〜1歳半）（〜3歳）（〜5歳）（〜12歳）（13歳〜）

図3－1　性の発達段階

ると、排便時に感じる肛門の快感が重要性を帯びてくる。四、五歳になると、幼児の中心的な性感帯は、男の子の場合はペニスへ、女の子の場合は陰核へ移行する。この時期が男根期と呼ばれているのは、まだ性器が本来の役割をはたしていないからだ。男根期にはエディプス・コンプレックスが生じ、異性の親に性愛願望を抱くようになるが、この欲望はやがて抑圧され、性的欲望が表立っては現われない潜伏期（六歳〜十二歳）に入る。そして思春期の訪れとともに再び性的欲望が強くなり、今度は性器が本来の役割をはたす性器期（十三歳以降）となる。

これがフロイトの考えた性の発達段階である。

幼児が性欲を持つと言われれば、抵抗を感じる人も多いはずだが、性的であろうとなかろうと、身体的な快感を求めるのは自然なことだろう。また、フロイトが愛情への欲望も性的な欲望に含めていたことを考えると、自体愛が中心となる時期とはいえ、他者との関係に向けられた欲望も無関係とは言えない。

人間は母親に対する愛情への欲望を基盤として最初の他者関係を築くものであり、いわば身体的なよろこびを超えて、関係のよろこびを求めるようになるものだ。この点を考慮した上で、フロイトの性発達論を考えてみると、口唇期、肛門期、男根期、といった性の発達段階も、単なる身体のよろこびだけでなく、関係性のよろこびも関与していることが理解できる。

たとえば乳児期に相当する「口唇期」は、授乳によって口唇部分に身体的快感を覚える時期であり、もともとは空腹を満たすための行為が、同時に口唇の快感が得られるため、その快感自体を求めるようになる。この点について、フロイトは次のように述べている。

母の乳房（もしくはその代理物）を吸うことは、小児にとって最初のしかも生命にかかわる重要な活動であるが、これが小児に早くもこの快感を味わわせたのに違いないのである。（中略）最初はおそらく、性感帯の満足感と栄養欲求の満足感とは結びついていたのであろう。性的活動は最初のうちは生命の保存に役立つ機能の一つに依存しており、のちになってようやくそれから独立するのである。（「性欲論三篇」[6]）

なるほど、生まれて間もない乳児は、授乳においてひたすら飲むことに集中するのだが、生後四、五カ月になると、次第によそ見をしたり、母親の眼を見つめたり、休憩したりして、なかなか真面目に飲もうとしなくなる。そうかと思えば、すでに母乳が空になった乳房をいつまでも吸い続ける場合もある。乳児は肌と肌の密着による心地よさを楽しんでいるように見えるのだ。そう考えると、乳児は単に空腹を満たすための生理的欲求を超えて、口唇部分の快感を満たしている、というフロイトの主張には説得力がある。これを性的快感と呼ぶべきか否かはともかく、ある種の身体的快感であることは間違いない。

しかし、そこには単に身体的なよろこびだけではなく、すでに母親との関係そのものへのよろこびが生じている。その証拠に生後四、五カ月の頃には、母親の姿が見えないだけで泣き叫び、近づいて笑顔を見せると、途端に満面の笑みを浮かべ、嬉々とした様子を見せるようになる。ボウルビィは乳児の愛着行動（しがみつく、後を追う、微笑する）から、乳児と母親との間には密接な精神的きずながあり、これが失われると発達上重大な支障をきたすと主張しているが[7]、実際、母親の愛情が乏しい環境に置かれた乳児の成長・発達が遅れることは、すでに多くの事例から証明されている。

このように、人間の関係性に対するよろこび、不安はかなり早い時期から存在するのであり、口唇期と呼ばれる生後一年半までの期間は、こうした欲望が生まれる時期でもあるのだ。

肛門期と社会性の発達

口唇期の次は「肛門期」となり、身体的快感の中心は口唇から肛門に移るのだが、口唇期の性愛が栄養補給という生理的欲求の行為に依存していたように、この時期の性愛は排便という生理的欲求の行為に依存し、肛門という身体部位の快感が重要になる。大便量が増加すると激しい筋肉収縮を起こし、それが肛門を通過する際に強い刺激を粘膜に及ぼし、苦痛感とともに愉悦感が生じてくる、というのだ。

なるほど、排便には筋肉の緊張緩和によって一定の快感をもたらす面がある。それは口唇性愛のように他者と触れ合うことで生じる快感ではないため、関係のよろこびとは一見無関係なように見えるだろう。しかし、別の視点から見ると、この二、三歳の時期はトイレで排便するように練習しはじめる時期でもあり、そのことが関係のよろこびにつながっている可能性がある。

トイレで上手に排便ができると、母親は喜び、ほめてくれるだろう。父親や保育士など、他の大人も同様である。子供はその様子を見て嬉しくなり、身体的な快感とは異なる関係のよろこびを感じることになる。フロイトによれば、この時期の子供は糞便を自分の身体の一部だと思っているため、母親に喜んでもらうために差し出す「贈物」という意味を持っている。[8]愛を得るために従順に排便を行うのであり、逆に自体愛と自己主張によって親に従わなければ、強情で頑固な性格になる、というわけである。

また、これは「できる」というよろこびでもある。エリクソンによれば、肛門期は肛門の筋肉を支配することで「保持する」「手放す」という自律の感覚を得る時期であり、この自律の感覚が「できる」というよろこびにつながっている。[9]それは、身体を自分の意志でコントロールできることに対する自由のよろこびでもある。そして、何かが「できる」ことは周囲の称賛、母親の笑顔を得ることになるため、当然、関係のよろこびが生じることになるだろう。

一歳を過ぎると、歩いたり、手で物を器用にいじったり、子供は様々なことができるようになる。そのため、親は子供のできる力に応じて、よりよくできるようにする、できることはやらせる、といった躾をはじめることになる。

母親は子供に対する期待や心配から、トイレで排便すること、用意した食事をちゃんと食べること、危険な物に触らないことなど、様々な要求をするようになるだろう。その際、「いい子だからお願いね」と期待を込めて語ったり、「だめよ、そんなことしちゃ！」と厳しく命令する場合もあるはずだ。幼い子供にとって、母親の要求が妥当か否かは理解できないが、期待や要求に応えればほめられ、関係のよろこびを得ることができる。そう考えると、トイレで排便したものは母親への贈物だというフロイトの考えは、必ずしも奇妙な説とは言えない。上手く排便できれば、母親は喜んでくれるからだ。

フロイトは自体愛の根底には自己保存の欲動がある、と考えていた。口唇期の場合は、授乳による口唇の快感は栄養補給という自己保存に依存しているし、肛門期における快感もまた、排泄という自己保存に依存している。自己を守るために生理的欲求を満たすことが、二次的に身体のよろこびを生み、自体愛につながる、そう考えていたのだ。だがそれはさらに、関係のよろこびにもつながり得る。母親との関係そのものを求めはじめ、それは「できる」ことをほめられることで、より強い結びつきを求めるようになるのだ。

よろこびの拡大と価値判断の普遍性

関係のよろこびは、同時に別のよろこびにもつながっている。肛門期は自己の身体像が形成され、徐々に自己イメージが固まっていく時期であり、そのため母親に「できる」ことをほめられると、「できる私」が意識されるようになるからだ。

排泄がトイレでうまくできたり、食事をスプーンで上手に食べられたり、できることが増えるたびに、親は「上手だね」「すごいね！」とほめてくれるだろう。すると、「できる私」が意識され、そうした自己イメージの中によろこびを見出すようになる。簡単に言うと、もっとほめてほしい、できる自分でありたい、という欲望が生まれるのだ。

しかしすでに述べたように、肛門期はトイレット・トレーニングだけでなく、母親がさまざまな要求や期待を幼児に投げかけ、一定のルールを課すようになる時期でもある。母親に愛され続けるためには彼女の要求や期待は無視できない。そのため、幼児はある程度までルールを習得し、それに従うようになる。そしてルールを守ったり、期待に応えたりする度にほめられ、称賛されることにより、「できる私」が価値ある存在に思えてくるだろう。それは承認欲求の充足と共に得られる、自己の存在価値を感じるよろこびなのである。

こうして、ルールを介した新しい関係のよろこびを求めて、幼児は母親の愛と承認を得るために、そして自分を価値ある存在として実感するために、母親の要求する命令、ルールに従い、期待に応えようとしはじめる。そして、母親の要求に応えるとほめられる、という状況が繰り返されると、母親の要求や期待は内在化され、幼児の心に内的なルールが形成されてくる。

たとえば、「嘘ついたらだめよ」と言われ、正直に話せばほめられるが、嘘をつくと怒られる、という状況が繰り返されれば、「嘘をついてはならない」というルールが内面化され、いちいち母親に言われなくとも、嘘をつかなくなる。それは、母親の要求、命令、期待が内在化され、行動の基準となるルール、内的規範が心の中に形成されたからなのだ。

しかし、こうして幼児期に形成された内的なルールは、幼児期を過ぎると、親以外の人々、特に友だちやクラスメイトとの関係が増え、新しい価値観やルールに触れることになる。同世代との仲間関係では独自のルールが支配的となり、本やテレビで主張されている多様な価値観などに接することも増えてくる。すると、それまで絶対的だった親のルールや価値観は相対化され、修正を余儀なくされるのだ。そして青年期になる頃には、周囲の人間に影響されるだけでなく、自分のルール、内的規範を内省し、吟味し、自分なりに納得できる行為や判断の基準を持つようになる。こうして、自分に固有な内的規範（自己ルール）、価値観を作っていくのである。

ところで、人間の価値観は他者の承認を介して形成されるのが一般的だ。ある行為に「価値がある」と思えるためには、その行為をした場合に共感や称賛を受けるなど、他の人たちもその行為の価値を認めている、という確信が必要になる。

無論、何らかの特殊な価値観を信じ込み、周囲が認めないような行為に価値を見出している人もいるだろう。しかし、私たちがある行為の価値を認めるようになるのは、通常、多くの人がその価値を認めていることを認識し、自分がその行為をすることで認められた経験を持つからだ。それによって私たちは、一般的に他者が承認する行為を理解し、その価値を確信するようになる。ある行為の価値を確信できるのは、心のどこかで他者の承認を想定しているからであり、多くの人が価値ありと認めるはずだ、と思っているからなのだ。

私たちは自らの行為の価値について、様々な他者の身になって考えることができる。誰もがその行為を「正しい」とか「いいね」と言ってくれると思えれば、私はその行為には価値があると信じられるし、その行為を遂行できる。では、なぜこのように他者の承認を気にするのだろうか。

それは幼児が母親以外の人たちに対しても関係のよろこびを感じるようになり、承認を求めるようになるからだ。保育園や幼稚園などで同じ年頃の子供と接するようになると、他の子供と一緒に楽しく過ごしたい、自己表現や競争を含んだ遊びの中で「すごい」と言われたい、と感じるようになる。また、先生や他の大人からもほめられたい。そうなると、自分の行為が母親だけでなく、周囲の人たちにも認められるような価値があるのかどうか、気にせずにはいられない。自分の行為に誰もが承認するような価値があるのか否か、価値の一般性を気にしはじめるのである。

ピアジェによれば、幼児は母親に「嘘は悪いことだ」と教えられると、それを母親に対しては一定の範囲で守ろうとするのだが、他の子供たちには嘘をつくこともある。[10] そこで、なぜ嘘をつくことが悪いのか訊ねると、「ママが怒るから」と答える。この子供が嘘をつかないのは、あくまでも母親の愛を失いたくないため、母親との関係のよろこびを維持するためなのだ。しかし、小学校に上がる頃になると、「相手が誰であろうと嘘はよくない」と答えるようになる。行為の価値について、誰も納得するような一般性のある判断が少しずつできるようになるからだ。

このような価値の一般性が考えられるためには、目の前にいない他者一般の人々を想像し、彼らも納得できるかどうか、他者の身になり、他者の視点から考える力が必要になる。七歳以降の児童期になると、「それはみんなが善いと言うだろう」「それは誰が見ても悪いだろう」など、一般的な人々（以下「一般的他者」と呼ぶ）を想定した上で、そうした第三者の視点から価値の一般性を判断できるようになるのだ。

こうした一般的他者の想定による第三者の視点の獲得について、重要な示唆を与えてくれるのが、フロイトのエディプス・コンプレックス理論である。

ここまで、フロイトの性発達論を口唇期、肛門期と見てきたが、次に訪れる男根期（三歳〜五歳）にはエディプス・コンプレックスが生じ、その後の心理的発達に大きな影響を与える、とフロイトは考えていた。だが、この理論は全体として証明しがたい仮説が含まれているために批判も多く、その本質的な重要性はほとんど理解されていない。

以下、男根期におけるエディプス・コンプレックスについて解説し、本質学の観点からその意味を解き明かしていきたいと思う。

男根期のエディプス・コンプレックス

肛門期から四、五歳の男根期に入ると、自体愛の対象が男児はペニスへ、女児は陰核へと移行すると言われている。この時期には母親、父親との関係に関わる欲望が葛藤し、エディプス・コンプレックスが生じる時期でもあり、しかもその内容は、ペニスに関する不安、羨望が深く関わっているため、男児と女児では大きく異なっている。

エディプス・コンプレックスとは、男の子は母親を愛し、女の子は父親を愛する、という幼児の心理として一般的には知られている。これだけなら「何となくありそうだな」と思う人も多いだろう。だが、より厳密に言えば、エディプス・コンプレックスとは異性の親への近親相姦願望、同性の親への敵対感情と罪悪感、この三つが入りまじった無意識的な葛藤状態を意味している。しかもそこに去勢コンプレックスが複雑に絡んでくるため、男女でその内容が異なるのである。

まず、男の子のエディプス・コンプレックスについて説明してみよう。

男の子は四、五歳になると母親に対して性愛願望を抱き、独占したいと感じはじめる。すると、父親は邪魔な存在になるため、無意識のうちに憎しみを向けるようになる。父親が母親に愛情を

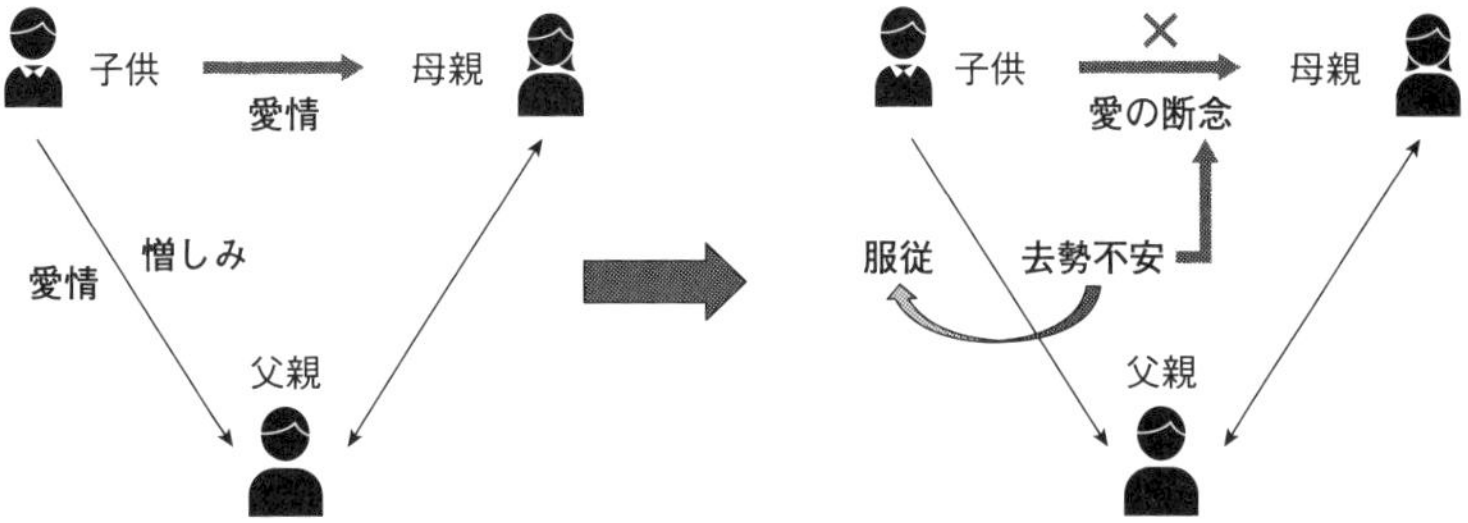

【エディプス・コンプレックス】　【エディプス・コンプレックスの克服】

図3－2　男根期の心理的葛藤

示すと不機嫌になったり、父親が留守になると喜び、母親にべたべたと甘えるのである。しかしその一方で、男の子は父親も愛しているため、父親に対する自分自身の敵意について、強い罪悪感を抱きやすい。それでも結局は、母親への愛のほうがより強く、母親への執着、父親への敵対心は避けがたいものになるのだ。

　しかし、やがて男の子は「父親に逆らえば去勢される」という不安から、父親への敵対心、母親への性愛願望、執着を断念し、エディプス・コンプレックスは終結する。複雑な心理的葛藤にけりをつけ、父親の要求に従うようになるのである。

　このような去勢不安は、通常、自慰行為を咎められる場面で生じるという。フロイトによれば、男の子は男根期になると性器に強い関心を示し、ペニスをいじって快感を得るようになるのだが、それを見た母親は、「そんなことをすると、お父さんが大事なものを取ってしまうよ」とおどすことがある。「通常、この威嚇をもっと恐ろしく、本当らしく見せかけるために、母親はその威嚇の実行を父親に委ね、このことを父親にいいつけたら、父親は性器を切り取ってしまうだろう、といって脅かすのである」（「精神分析学概説」[11]）。

男の子はこうした去勢のおどしを素直に信じたりはしないし、すぐさま不安を感じるわけではない。しかし、その後、母親や女の子の裸を見て、ペニスがないことにひどくショックを受ける。なぜなら、彼女たちは去勢されている、と思い込むからだ。幼い男の子にとって、人間にペニスがあるのはあたり前で、女性には最初からペニスなどない、という発想はないのである。そこで去勢という事態が現実にあり得ること、母親の「父親に去勢される」という威しが嘘ではなかったことを確信し、父親に対して去勢不安を抱くようになる。こうしてエディプス・コンプレックスによる父親への罪悪感と去勢不安が結びつき、父親への敵対心を捨て、父親に服従するようになるのだ。

これが男の子におけるエディプス・コンプレックスの克服である。

去勢コンプレックス——症例「ハンス」

フロイトの「ある五歳男児の恐怖症分析」（症例「ハンス」）[12]という論文には、去勢不安が原因で馬恐怖症になった少年ハンスについて述べられている。これは去勢不安によって神経症になった症例として有名なので、ここで少し紹介しておくことにしよう。

ハンスは四歳九カ月のとき、散歩に出かけた際に泣き出し、「馬がぼくを嚙みそうで恐かったの」と言い、以後、馬への恐怖のために、街を歩くことができなくなった。フロイトはこの「馬に嚙まれそうだ」という馬恐怖症における不安を分析し、これは父親に対する去勢不安の現われではないか、と述べている。

ハンスは母親を愛するあまり、母親と二人きりになり、父親を追い払いたいと思っていた。この感情はやがて、父親がずっといなければいい、死ねばいい、という敵対感情、攻撃心へと高まったが、そこには罪悪感もともなっていた。なぜなら、ハンスは父親を邪魔だと思う一方で、父親のことを尊敬し、愛していたからだ。そのため、「お父さんはぼくに罰を与えるに違いない」と考えはじめたのである。

また、父親への愛情ゆえに、父親への攻撃的な感情は抑圧され、逆に父親から攻撃される、罰を受ける、という感情の転倒が起きている。自分が父親を憎むはずはない、という思いによって、憎しみの感情は父親に投影されてしまったのだ。しかし、大好きな父親がそんなひどいこと（攻撃）をするわけがない、という思いもあるため、「父親からの攻撃」は「馬からの攻撃」に置き換えられている。幼児にとって、大きな動物は大人の男性の象徴であることが多い。馬恐怖症の原因は、父親に対する敵対的で嫉妬深い感情と、母親に対する性的な欲望であり、これらの抑圧された欲望こそ「恐怖症」を生み出したのである。

では、なぜ父親からの攻撃（罰）は「去勢」として感じられたのだろうか？

ハンスは三歳半のときにペニスをいじっていると、母親から、「そんなことをしていると、A先生におちんちんを切ってもらいます」と言われたが、ペニスがない、という状態が想像できなかったため、その時点では脅威として感じなかった。実際、三歳頃、母親に「ママにもおちんちんがあるの？」と質問すると、母親は「もちろんよ。なぜ？」と答えているし、生後一週間の妹を見て、「おちんちんまだ小さいね」と言っていたようだ。彼は母親にもペニスがあると信じていたし、父親が「女にはペニスがないのだ」と説明しても、なかなか認めようとはしなかった。しかし、やがて女性にペニスがないことを認めると同時に、かつて言われた去勢の話が現実味を帯びてきた。そして、去勢不安は父親の罰に結びついたのである。

フロイトによれば、エディプス・コンプレックスと去勢不安は男の子なら誰にでも見られる。ハンスの場合、去勢不安が一時的に動物恐怖に転化しただけで、基本的には健康な男の子と変わらないのだ。このことは、ハンスが父親に対して敵対心や去勢不安だけでなく、愛情があることを示している。大好きだからこそ、父への怖れは馬への怖れにすり替えられているのであり、この愛情と憎しみの入り混じった複雑な感情こそ、無意識を生み出しているのである。

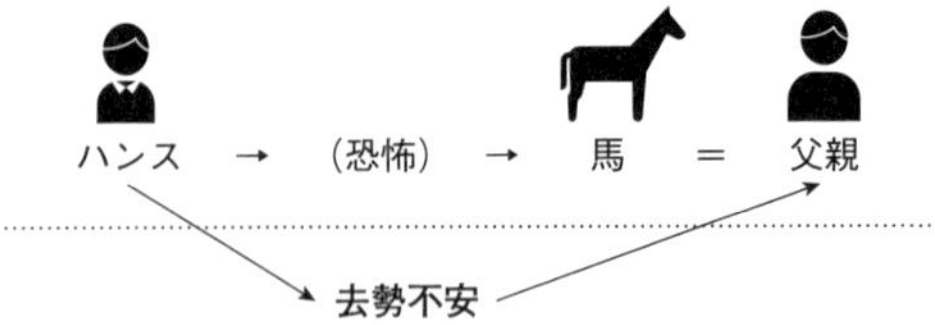

図3－3　ハンスの馬恐怖症

このように、男の子は誰でも去勢不安をとおして母親への独占的な愛を断念し、エディプス・コンプレックスを克服する。去勢コンプレックスによってエディプス・コンプレックスが崩壊する、と言い換えてもよい。以後、父親の命令に従い、要求を受け容れるようになり、それは次第に内面化され、父親の課したルールに基づく行動の規範が形成されることになる。それは欲望を抑制するような道徳規範となり、かなり都合の悪い欲望は無意識に抑圧するようになるのだ。

こうして母親への性愛願望は抑圧され、性欲が前面に出ない潜伏期（七歳～十二歳）がはじま

るのである。(13)

女児のペニス羨望

ところで、去勢不安を介して形成された道徳規範、内在化されたルールを、フロイトは「超自我」と呼んでいる。私は先に、親の愛と承認を得るために、親の期待や要求、命令が内在化され、内的な規範、自己のルールができあがる、と述べたが、フロイトの場合は承認欲求よりも不安を重要な契機として見ていたことになる。

なるほど、親に嫌われる不安、叱られる不安も、親の要求を受け容れるきっかけになり得るが、それは愛を失う不安、承認を得られない不安が中心であり、去勢不安を仮定するのはかなり無理があるように思える。そもそも女の子の場合には去勢不安は生じないはずだが、一体どう考えればよいのだろうか?

フロイトによれば、女の子も男の子と同様、最初は母親に愛着を感じている。しかし、男の子のペニスに気づくと、自分もそれを所有したいと感じ、ペニス羨望を抱くようになるため、母親への不満が生じてくる。なぜなら、自分にペニスが欠如しているのは、自分を不十分な身体で世に送り出した母親の責任だ、と感じるようになるからだ。

ペニス羨望といっても、これは別に大人の女性の性欲を意味するわけではなく、男の子は何か特別なものを持っているが自分にはない、という子供の劣等感情として考えなければならない。男児にしろ女児にしろ、人間は基本的にペニスを有する存在として考えられており、ペニスがないことは不完全な状態として感じられることになる。それゆえ、ペニスを有する存在でありたかったという劣等感を抱き、同じくペニスがない母親にその責任があると感じられ、不満を抱くようになる、というわけだ。

こうして、女の子の母親への愛着は弱くなり、父親に愛情を向けるようになる。ペニスの代わりに子供を欲するようになり、父親を愛情の対象とし始めるのである。

要するに、女の子のエディプス・コンプレックスは男の子とは逆に、去勢の問題によって克服されるのではなく、むしろ喚起されるのだ。フロイトの言葉を借りれば、「男児のエディプス・コンプレックスは去勢コンプレックスにゆき当たって滅びてゆくのだが、女性のそれは去勢コンプレクスによって可能とされ、また惹起される」（「解剖学的な性の差別の心的帰結の二、三について」[14]）。

こうしたことから、男女は心理的にも異なった道を歩むことになる。
たとえば男の子の場合、去勢不安を介してエディプス・コンプレックスが克服されるからこそ、母親への性愛願望は抑圧され、父親の要求や命令に基づいて道徳規範が内面に形成される。それは超自我として、その後も不都合な欲望を抑制したり、時には無意識に抑圧するようになる。

しかし女の子の場合、当然、こうしたプロセスは生じない。ペニス羨望による屈辱感によって性欲は抑圧され、内的な道徳規範も形成されるのだが、その効力は男の子の場合よりも弱くなる。なぜなら、エディプス・コンプレックスが克服されないため、父親の命令に従うより甘える部分が多くなり、強固な超自我にはならないからだ。

この主張が正しいとすれば、女性は男性よりも規範意識が弱いということになる。しかし、これは根拠の乏しい仮説と言わざるを得ない。

先にも述べたように、親の要求が内面化されて行動の規範となるのは、親の愛と承認を得たいからであり、その点に男女差はない、というのが真実ではないだろうか。女の子であっても、親に愛されたいし、嫌われたくないからこそ、親の期待や要求を受け容れ、内的な行動規範、ルールを形成する。そう考えた方がはるかに説得力があるように思える。

では、行動規範の内面化、規範意識の形成において、エディプス・コンプレックス、去勢コンプレックスは無意味で根拠がない、ということになるのだろうか？

二者関係から三者関係へ

そもそもエディプス・コンプレックスの存在自体、批判する人は少なくない。幼児期の男の子は母親を愛し、女の子は父親を愛する、というだけならリアリティを感じる人もいるかもしれないが、そこに去勢不安やペニス羨望といった話を聞けば、大抵の人は否定するだろう。幼児期を思い起こしてみても、ほとんどの人は身に覚えがないはずだ。

フロイトに言わせれば、無意識に抑圧されて忘却しているからだ、精神分析によって無意識を分析すればその証拠は出揃い、科学的に実証されるはずだ、ということになるのだろう。しかし、仮に精神分析によってエディプス・コンプレックスが見出されたとしても、科学の観点からすれば、それは客観性のない主観的解釈にすぎない。それに、現代の日本における多くの親は、去勢のおどしをした覚えはないと言うはずであり、まったくリアリティを感じないと思う。

この問題についてフロムは、「フロイトは家父長制社会のみが持つ特徴に、普遍的な意味を与えている。家父長制社会では、息子は父親の意志に従属している」（『フロイトを超えて』[15]）と指摘し、男児の近親相姦願望についても、母親への愛着として理解すれば正当性がある、と述べている。母親への愛情、母親を失うことへの怖れは、どんな男の子も抱く感情であり、普遍性があるのだが、フロイトはこれを性的現象として説明し、歪曲《わいきょく》してしまったというのである。

なるほど、フロイトが生きた十九世紀末から二十世紀初頭の西欧では、父権制の強い家族が多く、息子の父親へのアンビバレンツな愛憎が生じやすかったのも事実だろう。父親が息子に対して厳しい指導を行い、娘には多少甘くなるという状況が一般的だったとすれば、フロイトの主張もあながち荒唐無稽なものとは言えない。それに、去勢コンプレックスの存在はともかく、母親への性欲というより愛着、愛情として捉えるべきだという点も、確かにそう考えれば納得できる。

ダニエル・スターンによれば、多くの男性が父親というアイデンティティを持つようになるのは、子供が二歳から三歳になる頃であり、赤ちゃんの世話は母親に任せることが多く、自分を二次的な養育者とみなしている。父親として自覚し始めても、自分を「世話の担い手」というより「教師役」と感じており、父親の役割は親密な母子関係の圏内から子供を引っ張り出し、社会の価値観、ルールを教えることだ、と考えている。「子供は三歳まで母親との二人組（二者関係）の中で生き、そこに父親が侵入してきてその二人組を三人組（三者関係）に変える」（『母親になるということ』[16]）というのである。

ここで重要なのは、人間の発達プロセスが「母―子」の二者関係から「父―母―子」の三者関係（エディプス関係）へ移行するものとして捉えられている、ということだ。つまり、人間は誰もが密着した母子関係の時期から父親の介入によって自立する時期へ移行する、という発達過程が前提とされている。

こうした考え方は、フロイト以後の精神分析においては広く認められてきた。フロイトは神経症の原因を「父―母―子」の葛藤であるエディプス・コンプレックスに見出したが、神経症よりも重度の精神障害は、父親の介入する以前の母子関係に原因がある、と考えられてきたのだ。メラニー・クラインはこの考えに基づいて、対象関係論という精神分析の一大潮流を形成することになったし、主流派の自我心理学においても、神経症よりも重度の境界例を研究する上で、早期の母子関係は無視できないものであった。

このように、「母―子」の密着した二者関係から「父―母―子」の三者関係へ移行することは、フロイトの発達理論の中心軸と見なされ、その後の精神分析に多大な影響を及ぼしてきたのである。エディプス・コンプレックスの本質を理解するためには、この「二者関係から三者関係への移行」という点に注意しなければならない。

人は誰でも、母子一体的な密着した二者関係から独立し、ある時点から三者以上の社会的関係の中で生きるようになる。フロイトはそのプロセスにおいて、エディプス・コンプレックスが決定的な役割を果たすと考えていた。父親が子供の近親相姦願望を禁止し、子供がそれを受け容れるというエディプス・コンプレックスの理論は、言わば二者関係の甘えを脱し、社会のルールを受け容れる象徴的な物語として受け取る必要がある。フロイトは人間が愛着関係を超えて社会的存在となるプロセスを象徴的に示したとも言えるのである。

しかし、赤ちゃん時代から世話をし、愛着関係にある母親に対して、三歳頃から子供に関わって社会を教える父親、という役割分担は、最早前時代的なものではないのか、という批判もあるだろう。確かに、近年では、父親が赤ちゃんの世話をすることも増えており、スターンも「子どもにとって父親との暮らしはもはや三歳から始まるのではなく、ふつう生まれたときから始まって、その子の経験を豊かにしている」(同前)[17]と述べている。

親の役割が変化し、父親が早くから赤ちゃんを世話することも多いのは事実だが、だからといって、早くから社会性を育むような三者関係が形成されるわけではない。赤ちゃんの世話をする父親は、あくまで二者関係を形成していることになる。一方、母親は世話をするだけでなく、教える役割も担っているし、むしろ母親のほうが社会を教え、様々な要求を出している場合もあるだろう。この点はどう理解すべきなのだろうか?

さらに言えば、疑問はもう一つある。フロイトの説明では、去勢不安は「お父さんにおちんちんを切られるよ」という母親の言葉によって生じたのであり、別に父親がルールを教えるために、「おちんちんを切るぞ!」と直接威すわけではない。では、こうした母親による去勢の威しは、一体どのような意味を持っているのだろうか?

母親の語る第三者——去勢威嚇の意味

ここで、男の子がエディプス・コンプレックスを克服する鍵になる去勢不安について、もう一度その意味を考えてみることにしよう。

男の子が男根期に入って性器いじりをしていると、母親に「そんな悪いことをしていると、お父さんがそれを取ってしまうよ」と威され、父親に対して去勢不安を感じはじめる。そのため、母親への愛情をめぐって父親と争うことは断念し、父親の命令に従うようになる。

これがフロイトの主張だが、問題は母親の語る内容にある。母親は子供に言うことを聞かせるために、「そんなことをすると許さないよ！」と言っているのであり、父親をだしにして従わせようとしているのだ。

幼児は母親の愛情と承認を得るために、母親の要求や命令をある程度までは順守する。母親の期待や要求に応えれば、上機嫌でほめられるため、それがモチベーションになるのだ。それが繰り返されると、幼児の内面にそうしたルール、内的な規範が形成されることは、すでに述べたとおりである。

しかし、幼児は母親の要求する内容について、なぜそうすべきなのか、という一般的な正しさは意識していないため、母親さえ了解すればいつでも変更できると感じている。肛門期において幼児が母親の命令を拒否したりごねたりすることもあるのはそのためだ。それゆえ、この時期は「イヤイヤ期」とも呼ばれている。二人の間だけにあるルールは両者が合意すれば容易に変えられるものであり、そのルールの妥当性を判断し、口出しをする第三者は存在しない。それが二者関係のルールであり、このことは母子関係だけでなく、夫婦や恋人同士で決めたルールにも同じことが言える。

食事の際に母親が子供に対して、「好き嫌いしないで食べなさいね」と言ったとしよう。子供は母親に愛されたい、母親を喜ばせたい、という思いから、ある程度まではがまんして食べようとする。しかし一方では、母親に愛されているという安心感から、嫌いな物を残したり、「これ食べたくなーい」とだだをこねる。愛を欲するがゆえに母親に従うのだが、愛を確信するがゆえに、あるいは愛を確かめようとするがゆえに従わないのである。

そこで母親は、「ちゃんと食べないと、お父さんに怒られちゃうよ。お父さんね、食べ物を残す子は悪い子だって言ってたよ」、などと言って、何とか食べさせようとする。

この場合、母親は自分の要求というだけでは効力が弱いことに、薄々気づいている。だからこそ母親は父親をだしにして、これは私の要求ではなく、父親の命令なのだ、ということを子供に示唆する。母親が子供を叱る際に、「わがままいうと、パパにお説教してもらうよ！」とか、「そんなことばかりしてると、お父さんカンカンだよ」、などと言い聞かせる場合も、フロイトが例に出していた去勢のおどしと基本的には変わらない。

こうした母親の言動によって、幼児は母親の要求の向こう側に、父親という第三者の存在を感じとる。しかも父親は単に二者関係に介入する三番目の人物なのではなく、母親の言動やルールをも司《つかさど》っている第三者と見なされる。そして幼児はこう感じはじめる。母親の要求は彼女が勝手に言っているのではなく、父親のルールに従って命令していただけなのだ、と。母親の語る父親は、幼児にとってルールを司る存在として想像されるため、幼児は母親への甘えを抑制し、次第に父親の命令を重視するようになる。

重要なのは、幼児は単に父親のルールに対して疑いもせず従うのではなく、父親という第三者の視点から母親とのルールを捉え直すようになり、メタレベルの視点からルールの一般性を考えられるようになる、という点にある。

母親との二者関係におけるルールの順守は、母親の愛と承認だけが動機となっており、ルールの正当性は問題にされていない。そのため、愛と承認を確信できればルールを守る必要性はあまりないため、母親が好きだから大体は守るが、時に守らないこともある。逆に愛と承認への不安が強ければ、たとえ間違ったルールであろうと、母親の要求や命令に対して従属せざるを得なくなる。しかし、母親しか見ていない状態から脱し、第三者の視点から母親と自分の関係を俯瞰し、そのルールを客観視できれば、事態は大きく変わってくる。第三者も認めるような要求、ルールであれば、その要求、ルールには正当性、一般性があることになるからだ。

去勢不安によって母親への欲望を抑制し、父親の命令を内面化して超自我（内的なルール）を形成する、というフロイトの主張は、このようなことを内実としているのである。

第三者の視点と価値判断

いまの時代、それほど父親の権威は強くないし、父親も赤ちゃんの世話をして二者関係を築いているのではないか、そもそも父親のいない母子家庭では第三者はいないのではないか、そう疑問を感じる人もいるだろう。

結論から言えば、二者関係から第三者の視点を獲得し、三者関係の世界へ移行する、という構造自体は現代社会でも変わらない、と私は考えている。なぜなら、問題は「二者関係にある養育者の語る第三者」という点にあるので、最も身近で世話をする養育者は母親でなくとも構わないし、第三者が父親以外の存在であっても別に構わないからだ。

たとえば、母親がだしに使う第三者は父親以外にも、幼稚園や保育園の先生、遊び友だち、兄弟など、さまざまな人物がいるだろう。

「そんなことばっかりしていると、先生に叱られちゃうよ」とか、「お兄ちゃんはそんなことしないのにね」、「みんなはちゃんと約束を守っているでしょ」といった母親の言葉は、誰でも聞き覚えがあるはずだ。それは言葉による示唆だけでなく、母親が自らルールに従ってみせたり、幼稚園の先生の言動に敬意を払ったり、ルールを守っている他の子供をほめたりする場合にも同じ効力があるだろう。こうした母親の言葉や態度は子供に対して、「私があなたに要求している行為やルールは、私だけでなく、誰もがしている行為であり、みんなが従っているルールなのだ」、ということを暗に示しているのである。

こうして幼児は母親の示唆する第三者をとおして、母親は自分勝手な要求を自分に課していたのではなく、誰もが従っている大きなルール（社会規範）に基づいて要求していたのだ、と理解しはじめる。それは自分や母親を含む大勢の人々の間で成り立っているルール、社会の秩序にほかならない。母子の二者関係が強い愛着関係にある場合、父親は社会における一般的他者を代表する位置にあることが多く、最初の第三者となる可能性が高い。人間は第三者の視点に立つことで、はじめて社会秩序の存在を意識し、これを重視するようになるのだ。

そう考えると、フロイトがエディプス・コンプレックスの問題として語ったことは、父権の強かった時代においてのみ生じる問題とは言えない。また、女の子は去勢不安がないから無関係である、とも言えない。女の子も最初は母親との二者関係の中で、次第に第三者を意識するようになる、という構造自体は変わらないからだ(18)。それは人間が社会における一般的他者を意識し、社会秩序の中で生きていく上で必要な、一般性のある価値判断を可能にするような人間関係の構造と言えるだろう。

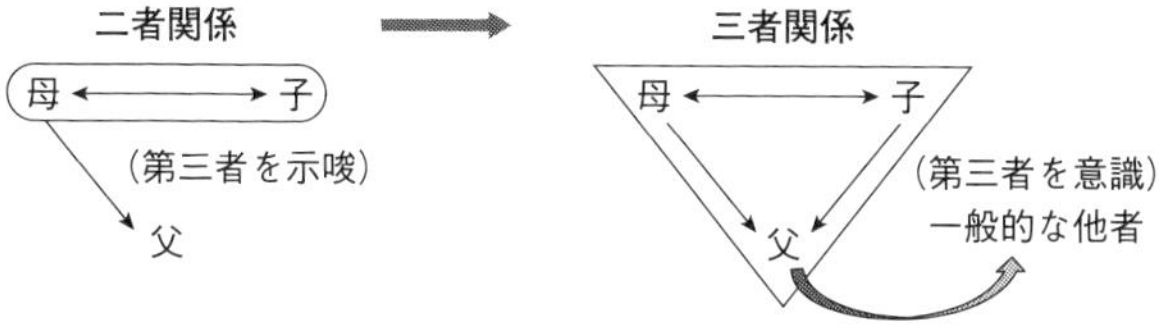

図3－4　二者関係から三者関係へ

ただし、フロイトはこうした現象が生じる原因として不安にのみ焦点を当て、欲望についてはほとんど言及していない。これは社会秩序を意識し、一般性のある価値判断を獲得するプロセスとしては、不十分な分析のように思える。

なるほど、母親の示唆する第三者の視点は、不安をもたらす面がある。「みんなに笑われちゃうよ」という母親の言葉は、みんなからの批判に対する怖れ、不安を呼び起こし、みんなから批判されない行動を取るようになる。だがそれは不安だけでなく、みんなからほめられたい、みんなに慕われたい、という承認欲求による部分も大きいはずである。

幼児は第三者の視点を獲得すると、自分の行為に対して母親が喜ぶかどうかだけでなく、父親、先生、兄弟、友達など、「みんな」がどう思うのかを気にしはじめる。それは母親以外の人々との間にも関係のよろこびを求め、彼らから認められることを望むようになるからだ。そして「承認される自分」という自己意識が生まれ、「みんな」に認められるような自分でありたい、という自己の存在価値に対する欲求も生まれてくる。

この「みんな」は、最初は身近に接する人たちが想像されるだけだが、やがて無数の人々を含んだ一般的他者が想定されるようになる。そして私たちは自分の行為だけでなく、親の言動でさえもこの一般的な人々の視点から相対化し、その価値の一般性を考えるようになるのだ。親の要求や命令を内在化したルール（自己ルール）や価値観も、身近な他者の言動から修正するだけでなく、このような視点から再吟味し、より一般性のある価値判断の基準を築きはじめる。

こうして、母親の語る第三者は、父親や保育園の友だち、先生だけでなく、匿名の一般的な人々となり、第三者の視点は一般的他者の視点へと移行する。この視点は価値の一般性を判断する上で不可欠なものであり、自分の行為が一般的に価値あるものかどうかの判断を可能にし、自己の存在価値が承認される可能性を切り開く役割を担っている。いまや第三者の視点は法や秩序の重要性を認識させるだけでなく、自己価値への承認欲求を満たす上で必要なものなのである。

註

（1）フロイトによれば、夢には象徴表現という定まった意味を持つものがあり、その多くは性生活に関わるものだという。長く突き出ている物（傘、棒、木）、尖った武器（槍、小銃）、水を吹き出すもの（蛇口、噴水）は男子性器の象徴であり、空洞があって中に物を容れられる対象（洞穴、管、瓶、箱、トランク、筒、ポケット）は女子性器の象徴。乳房はりんご、桃、果物一般、陰毛は森や藪、オナニーは滑走、滑降、性交はダンス、乗馬、山登りなど（S・フロイト「精神分析入門」『フロイト著作集1』懸田克躬・高橋義孝訳、人文書院、一九七一年、一二五〜一二八頁）。
（2）J・L・ハーマン『心的外傷と回復〈増補版〉』中井久夫・阿部大樹訳、みすず書房、一九九九年、一五頁。
（3）S・フロイト「隠蔽記憶について」『フロイト著作集6』井村恒郎・小此木啓吾他訳、人文書院、一九七〇年、三四〜三五頁。
（4）S・フロイト「精神分析学概説」『フロイト著作集9』小此木啓吾訳、人文書院、一九八三年、一六二頁。
（5）S・フロイト「自己を語る」『フロイト著作集4』懸田克躬・池見酉次郎他訳、人文書院、一九七〇年、四四八頁。
（6）S・フロイト「性欲論三篇」『フロイト著作集5』懸田克躬・高橋義孝他訳、人文書院、一九六九年、四六頁。
（7）J・ボウルビィ『母子関係の理論Ⅰ　愛着行動』黒田実郎他訳、岩崎学術出版社、一九九一年。
（8）「糞便は最初の贈物であり、子供の身体の一部なのである」（「欲動転換、とくに肛門愛の欲動転換について」『フロイト著作集5』、三八八頁）。
（9）「この段階全体において重要であるのは、筋肉システムの成熟、そしてその結果として生じる「保持すること holding on」や「手放すこと letting go」といった数々の激しく葛藤しあう行動パターンを調整する能力（そして調整できないと感じる無能力）であると共に、まだ著しく依存的な子どもが自らの自律心に過大な価値を与え始める点にある」（E・H・エリクソン『アイデンティティとライフサイクル』西平直・中島由恵訳、誠信書房、二〇一一年、六五頁）。
（10）J・ピアジェ『思考の心理学』滝沢武久訳、みすず書房、一九六八年、五三頁。
（11）S・フロイト「精神分析学概説」『フロイト著作集9』一九四〜一九五頁。
（12）S・フロイト「ある五歳男児の恐怖症分析」『フロイト著作集5』。
（13）この抑圧は根源的であり、「後年の抑圧は大部分この時期に形成される超自我の関与のもとに成り立つものである」（S・フロイト「エディプス・コンプレックスの消滅」『フロイト著作集6』三一三頁）。
（14）S・フロイト「解剖学的な性の差別の心的帰結の二、三について」『フロイト著作集5』懸田克躬・高橋義孝他訳、人文書院、一九六九年、一六八頁。
（15）E・フロム『フロイトを超えて』佐野哲郎訳、紀伊国屋書店、一九八〇年、五一頁。

(16) D・N・スターン／N・B・スターン／A・フリーランド『母親になるということ』北村婦美訳、創元社、二〇一二年、二四六頁。

(17) 同前、二四七頁。

(18) 女の子のペニス羨望というフロイトの仮説には、あまり説得力があるようには思えない。女の子も男の子と同じように、最も親密な養育者（母親の場合が多い）との二者関係から、第三者（父親がその代表格であることが多い）を意識し、ルールの一般性を認識する、という構造に変わりはないのではないか、と私は考えている。したがって、女の子の方が男の子よりも規範意識が弱い、というフロイトの主張にも疑問が残る。父親が娘に甘くなりやすいとしても、逆に母親は娘に厳しいとも言われており、必ずしも規範意識が弱くなるわけではないだろう。ただ、男性が社会の規範を重視するのに対し、女性は目の前にいる人との共感や思いやりを大事にする、という傾向があることは古くから言われ、昨今では〝正義の倫理〟と〝ケアの倫理〟の違いとして議論されている。はたしてそこに男女差があるのか、という点については、もう少し慎重な検討が必要になるだろう。

第4章

自己の精神分析——後期における自我論の確立

性欲論から自我論へ

ここまでフロイトの性発達論を軸にして、幼児性欲、エディプス・コンプレックスなど、フロイトの性欲論が何を意味するのか、本質学の観点から考えてきた。

口唇期から肛門期、そして男根期へと、幼児の性欲は自身の身体を対象にして次々に部位を変えていく。そして男根期になると、幼児は異性の親に性愛願望を抱き、同性の親に対して愛と憎しみを同時に抱え込むようになる。だがそれは、去勢コンプレックスによって大きく転換し、男児のエディプス・コンプレックスは去勢不安によって崩壊し、女児のエディプス・コンプレックスはペニス羨望によって発動する。

こうした性欲の発達プロセスに関する一連の仮説に対し、手放しで肯定する人はほとんどいないだろう。無論、科学的にも実証されていない。というより、ポパーに言わせれば、反証不可能な仮説であり、そもそも科学的な証明ができない理論である。

しかし、一見、荒唐無稽にも思えるこの仮説も、本質学の観点から考えてみると、実に興味深いものであることが見えてくる。なぜなら、口唇期、肛門期における性愛願望は、単に身体的なよろこびを求めるだけではなく、母親との関係的なよろこびにつながっており、さらに男根期に至ると、エディプス・コンプレックスを介して自己の存在価値（自己価値）のよろこびも生まれ、それを求めるようになるからだ。人間の欲望は成長にしたがって、身体のよろこび、関係のよろこび、自己価値のよろこび、という順に欲望の対象が分岐し、相互に葛藤を引き起こすようになるのである。

新たに生まれた欲望の中でも、とりわけ人間に固有な欲望と言えるのが、自己の存在価値が認められ、自分に価値があると感じられること、すなわち自己価値が満たされることへの欲望である。これは自我の幻想性に関わる人間独自の欲望と言ってよい。

人間は自己について幻想を抱く存在であり、私たちが思い描く自己像や自己物語は幻想性を含んでいる。この自己像は他者との関係の中で絶えず刷新されるのだが、それは自分が他者に承認されるような価値ある存在か否か、いつも気にかけているからだ。私たちが「自我」と呼んでいるものは、このように他者関係において編まれた幻想でもある。

私たちは他者が「私」について語った内容、特に最初は母親の語りを基盤にして、自己イメージを形成し、それを手がかりにして行動している。「いい子ね」とか「すごい」など、称賛の言葉を受けることで、幼児は自己の存在価値を意識するようになり、関係のよろこびとは異なる、新たなよろこびを知ることになる。そして、より価値ある自分、承認される自分を求めるようになり、理想化された自己イメージが形成されるようになる。

こうして私たちは、「よい自分」「優れた人間」「価値ある存在」といった自己価値を追い求めるようになり、それは自分が生きていることに意味があるのか、存在価値があるのか、といった人生の重要な問いに答えを見出すための指標になるのだ。

このような自我の幻想性や自己価値への欲望について、フロイトはあまり言及していない。少なくとも、一九一〇年代までのフロイトは、自我の欲望を危険から身を守る「自己保存」の欲望と見なしており、自己価値の問題はほとんど問題にしていなかったように見える。

厳密に言えば、フロイトは自我欲動（＝自己保存欲動）という衝動を仮定しているのだが、これは動物が本能的に身の危険を回避することに近いものだ。しかし、実際には、人間は自己価値を守るためには、生命の危険をも顧みないことがあるし、名誉のために死を選ぶことさえある。死から身を守るだけでなく、名誉を守ることも自己保存の欲動と考えてしまうと、この二つの欲望は同じ自己保存欲動から生じた葛藤ということになってしまい、その本質が見えなくなる。

この点については、哲学者のコジェーヴによる次の文章が大変示唆に富んでいる。


人間的欲望はこの保存の欲望に打ち克つ必要があるのである。換言すれば、人間が人間であることは、彼が自己の人間的欲望に基づき自己の（動物的）生命を危険に晒さなければ「証明」されない。（『ヘーゲル読解入門』[1]）

コジェーヴによれば、人間的欲望とは、自己の人間的な価値において承認されること、つまり自己価値への欲望であり、それは自己保存の欲望を犠牲にしてはじめて証明できるという。彼はヘーゲル哲学に依拠しながら、自己価値への欲望が自己保存の欲望と対立、葛藤することを鋭く捉えているのだ。

では、フロイトの言う「自我の欲望」は「自己保存の欲望」のことであり、「自己価値への欲望」ではない、ということなのだろうか。彼がしばしば例に挙げる性欲と道徳心の葛藤を考えると、どうもそうとは言い難いように思える。

私たちが道徳心によって過剰な性欲を抑制するのは、世間の非難を浴びることを避け、名誉を守るためなのだが、それは結局、自己価値を守るために他ならない。フロイトは道徳心の根底に自我の欲望を想定していたが、それは自己の生命を守るという意味での自己保存ではなく、自己価値を守るという意味なのである。フロイトは道徳心を自己価値への欲望として明確に位置づけてはいないのだが、もし彼がその重要性をまったく認識していなかったとすれば、性欲と道徳心の葛藤をこれほど重視する必要性はなかったはずだ。

しかし、フロイトは最初、こうした二種類の欲望を同じ「自己保存の欲望」として一緒にしてしまったため、「自己価値への欲望」の本質を明確にできなかったに違いない。なるほど、生命を守るのも名誉を守るのも、自己保存という意味では同じとも言えるのだが、欲望の本質としてはまったく異なるものであり、これは区別すべきなのである。

ただ、晩年のフロイトは自我についての新たな理論を打ち立てており、そこではより明確に、「自己価値への欲望」が位置づけられている。フロイトが「自我心理学」とも呼んだこの自我論では、自我を他者との関係性が織り込まれた幻想として捉えており、「超自我」や「自我理想」といった概念を使い、自己価値に関係する問題をかなり掘り下げて考察しているのだ。

しかし、フロイトはこの問題が承認欲求と不可分な関係にあることを明確にしていないため、人間の欲望とその葛藤を鋭く捉えていながらも、その本質を十分明らかにしているとは言えない。

そこでこの章では、フロイトが晩年に到達した自我心理学を本質学の観点から捉え直し、フロイトの説明における不備を補いつつ、その本質を明らかにしていきたいと思う。

フロイトの自我心理学

初期のフロイトが考えていた自我とは、無意識と対立関係にあるような意識的な判断の主体であった。自我は意識したくない観念を無意識に抑圧し、この無意識に「抑圧されたもの」が意識に上ろうとすれば、再び抑圧しようとする。だからこそ、精神分析において無意識を思い出そうとすれば抵抗が生じるのである。

道徳性を重んじている真面目な人が、ある性倒錯的な観念を抱いてしまったとしよう。彼は「自分は真面目で正常な人間である」という自己イメージを持っているため、自分に性倒錯の傾向があるなどと考えたこともないし、到底認められることでもない。そのため、自己イメージを守るために、性倒錯的な欲望を抑圧してしまうことになる。

この場合、抑圧を引き起こしたのは「意識的な私」としての自我であり、抑圧された性倒錯の欲望が「無意識」だと考えられる。フロイトは最初、自我をあくまで意識を代表するものと見なしていたのであり、図式化すると次のようになるだろう。

【「自我」＝意識】⇕【「抑圧された欲望」＝無意識】

しかし、よく考えてみれば、私たちは都合の悪い観念が意識に浮かんできたからといって、そう都合よく忘れられるものではない。「よし、なかったことにしよう」「忘れてしまおう」と考えるのは簡単だが、そう思えば思うほど、その観念は意識にまとわりつくだろう。意識的に抑圧することなど誰もできはしないのだ。

それでも私たちは、都合の悪い観念を知らず知らずのうちに忘れてしまうことがある。それを自我の抑圧のせいだと言うなら、抑圧は無意識のうちに起きたことになるだろう。つまり、自我は必ずしも意識的な判断の主体とは言えないことになる。

フロイトが直面したのもまさにこの問題であった。彼は自我にも無意識的な部分があることを、精神分析治療に対する患者の無意識の「抵抗」によって気づかされた。そもそも「抑圧」という自我の働き自体、患者が治療において見せる無意識の「抵抗」から導かれている。

たとえば、患者は分析医であるフロイトを信頼し、治療に対しても協力的に臨むのだが、しかし自由連想の内容が核心に近づき、抑圧された無意識の欲望を思い出しそうになると、無意識のうちに話題を変えようとしたり、治療を遅延させるような行為をする。フロイトはこのような患者の無自覚な治療への抵抗を、抑圧の力によるものだと考えた。無意識の欲望は意識したくないからこそ抑圧されたのであり、思い出しそうになると再び抑圧の力が働き、思い出さないように治療に対する無意識の抵抗となって現われるのだ、と。

しかし、治療への抵抗が無意識のうちに行われているなら、抑圧という心の働きも無意識的なものだと言えるはずだ。そして、自我が抑圧や抵抗を引き起こしているとすれば、自我は必ずしも意識の主体とは言えず、無意識的な部分があると結論することができる。

フロイトは『ヒステリー研究』(一八九五年)の頃から、すでに治療における無意識の「抵抗」に気づいていたのだが、当時は無意識を「抑圧されたもの」として捉えていたため、「抑圧するもの」である自我のなかに無意識の部分を認めることはできなかった。しかし、何度も患者の抵抗を経験するうちに、次第に自我の無意識性を認め、理論修正せざるを得なくなった。彼がそのことをはっきり言及したのは、晩年に書かれた「自我とエス」(一九二三年)においてである。

この論文においてフロイトは、抵抗は自我に属しているが、それは意識することなしに強い作用を示すものだと述べ、こう結論づけている。

あらゆる抑圧されたものは無意識的 Ubw であるが、無意識的なものはすべてが抑圧されているとはかぎらない。これはあくまでも正しいのである。自我の一部分もまた——それが自我のどんなに重要な部分であるかは神のみが知る——無意識的であるかも知れない、いや、たしかに無意識的である。(「自我とエス」[2])

このように、晩年のフロイトは自我のなかに無意識的なものをはっきり認め、「抑圧されたもの」だけが無意識なのではなく、自我にも無意識的な部分があることを認めている。

ただ、これはかなり早くから考えていたことでもあった。『夢判断』においても、「もしわれわれが「意識」対「無意識」という対立の代りに、「自我」対「抑圧物」という対立を置くならば、夢形成のからくりは一般にずっとわかりやすいものになるであろう[3]」と述べており、自我=無意識という考えに矛盾があることを自覚しているのだ[4]。

しかし、この問題を明確に整理して主張したのは、やはり「自我とエス」がはじめてであった。しかもフロイトはこの論文において、自我の無意識性を軸に据えた新しい心のモデルを提起している。これが第二局所論と呼ばれる、「自我、エス、超自我」からなる心の構造モデルである。

第二局所論における心の構造

第二局所論では、まず「エス」という概念が新たに導入されている。

フロイトによれば、エスとは「渾沌、沸き立つ興奮に充ちた釜」であり、「いかなる組織をも持たず、いかなる全体的意志をも示さず、快感原則の厳守のもとにただ欲動欲求を満足させようという動きしか持っていない」（「精神分析入門（続）」[5]）。快感原則とは、ただ快感だけを求めようとする傾向、法則のことであり、エスは混沌とした欲望の集積であり、性欲を含め、理性を超えた衝動的な欲望はすべてこれに含まれる。

これに対して、自我は理性を代表するものであり、外界（社会規範、世間的な価値観）の影響を考慮してエスの衝動を抑制しようとする。快感原則だけに従うエスに対して、社会的ルールなどの現実原則を持ち込もうとする。たとえば、性の衝動のおもむくままに行動すれば、社会のルールや価値観に抵触し、世間の批判や軽蔑、厳罰は免れない。そこで自我は社会のルールに従って衝動（エス）を抑制し、その代わりに社会的な信用や他者の信頼という成果を手に入れることができる。エスの欲望を抑制すれば、自我の欲望は満たされるのである。

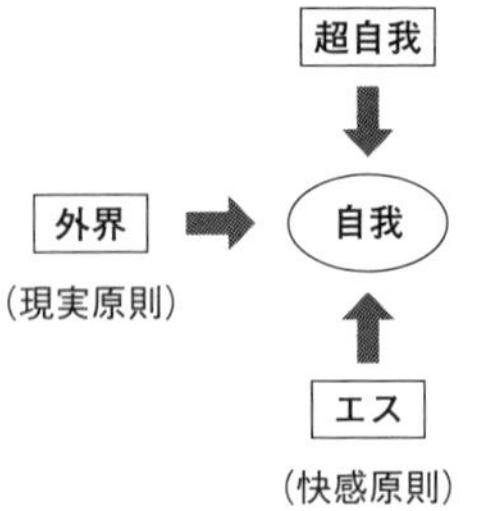

図4－1　第二局所論における葛藤の構造

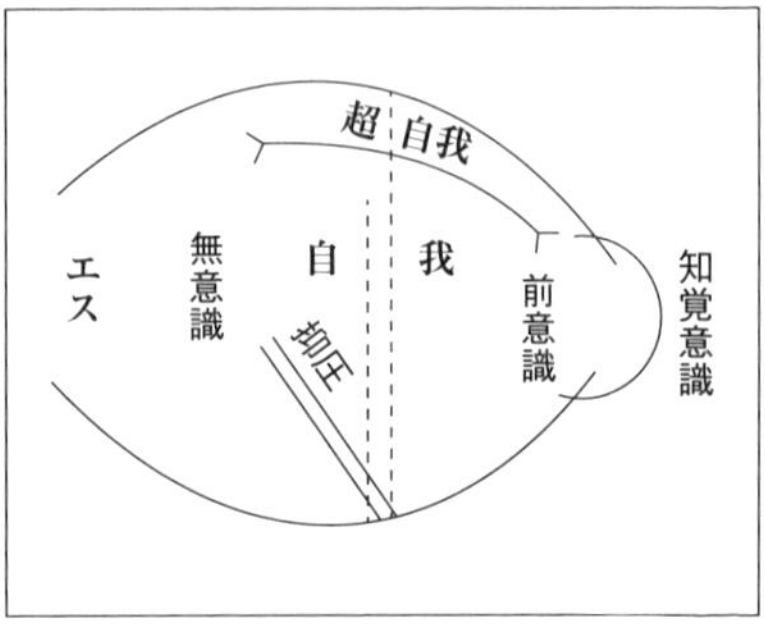

図4－2　後期の無意識モデル（第二局所論）
（『フロイト著作集1』P.451より）

フロイトはこうしたエスと自我の関係を、奔馬を統御する騎手にたとえている。騎手は馬によって目的地へ行けるのだが、馬はときとして勝手な方向に走ってゆくので、うまくコントロールしなければならない、と。エスという馬の暴走を、騎手である自我は止めようとするのだが、うまくいかない場合もあるのだ。

しかし、自我は必ずしも理性的に判断し、意識してエスの衝動を制御しているわけではない。強い性的欲望（エス）が生じても、即座に羞恥心や罪悪感も生じ、無自覚のうちに抑制がはたらく場合があるだろう。それは社会的道徳、現実原則を重んじる自我によるものだが、多くの場合、それは自覚されず、無意識に行われている。「自己批判と良心、すなわちきわめて価値の高い精神活動が無意識に行なわれ、無意識的なものとして重要な影響をおよぼすことを精神分析は教えている」（「自我とエス」[6]）のである。

こうした無意識的な自己批判、良心、罪悪感は、身体に刷り込まれた道徳心、内的な規範から生じており、その多くは幼少期における親の影響によるものだ。親と自分を同一視することで親の性格を取り入れ、それによって自我は形成される、というわけである。このことは、自我が親子関係の幻想を基盤として形成されることを明確に示している。

男の子の場合、エディプス・コンプレックスの影響もあって父親の命令が重要性を増し、父親との同一視が強くなる。その結果、父親の命令は内面化されて内的規範の原型となるのであり、フロイトはこれを「超自我」と呼んでいる。子供は父親の命令に従うように、超自我に服従するようになり、父親の認めないような欲望には無意識的な罪悪感を抱くのだ。女の子の場合、エディプス・コンプレックスの影響は男の子とかなり異なっているが、超自我が親との同一視で形成される点では変わらない（女の子では母親との同一視となる）。

以上が第二局所論の概要だが、各々の関係を図式化すれば、図4－1のようになるだろう。自我はエスの欲望に衝き動かされながらも、外界の要求を守ろうとして、エスを抑制する。その一方で、自我は常に超自我の行動規範に従わされ、従わなければ罪悪感に襲われる。自我はエス、外界、超自我の三者に要求を突きつけられ、葛藤に苦しめられるのだ。

> 同時に二君に仕えるなかれという格言があります。ところがあわれな自我は、二君に仕えるどころか、三人のやかましい主君に仕え、それぞれの注文と要求を互いに調和させようとして骨を折るのです。これらの注文はいつもばらばらであって、互いに相容れないように見えることがしばしばあります。ですから自我が実に頻繁にその仕事をしくじるのも無理はないのです。三人の暴君とは外界、超自我、エスであります。（「精神分析入門（続）」[7]）

従来、フロイトが主張していた欲望の葛藤は、主として抑圧された性的欲望（エス）と外界の道徳規範の葛藤であった。第二局所論ではそこに内界の道徳規範である超自我が導入され、三つ巴の葛藤として捉えられている。実際、私たちの欲望は社会に存在する法律、社会規範だけでなく、内在化された自分の道徳心、内的規範（自己ルール）の要求にも従わざるを得ない。だからこそ、誰も見ていなくても、誰からも非難されない状況でも、自らの良心にしたがって欲望を抑制するのである。

そう考えると、この新しい葛藤モデルは私たちの現実的な欲望の葛藤を見事に示していると言えるだろう。

自我理想と自己価値

自我に無意識的な部分があるのは、他者との関係性におけるルール、特に幼児期における親子関係のルールが身体化されているからだ。フロイトはそれを、他者の性格や考えを同一視によって取り入れる、沈殿させる、という言い方で説明している。

エディプス・コンプレクスに支配される性的段階のもっとも一般的な結果として、自我の中の沈澱がおこると仮定することができよう。この沈澱とは、ある仕方で、たがいに結合した二つの同一視の設立にほかならない。この自我変化は特殊な立場を保ち、自我理想あるいは超自我として、自我の他の内容に対立することになる。(「自我とエス」[8])

親への同一視によって親の特質を取り入れるということは、親を理想の自我とみなし、その理想像を内面において打ち立てる、ということでもある。これが原初的な「自我理想」の成立なのだ。

ただ、男の子の場合、父親の要求や期待、命令を内面化したものは、単に「父のようであらねばならない」という理想像になるだけでなく、「父のようであることは許されない」という義務感を生み出す内的な規範にもなる。つまり、「父のなすことすべてを行ってはならない」「父の特権を侵してはならない」「父の命令に従わねばならない」という義務感を生み出す内的な規範になるのだ。それこそが「超自我」であり、エディプス・コンプレックス以後も教育の影響を受けながら、良心、罪悪感を介して自我を支配するようになるのである。

こうしたフロイトの考えは、自我が他者との関係性に関わる幻想で構成されていること、その多くは身体化されて無意識になっていることを示しており、これは従来の自我に対する考え方を覆す画期的なものだと言える。

私たちの内的な規範、「〜しなければならない」と感じさせる自分なりのルールは、多かれ少なかれ、幼少期における親の要求や期待、命令を内面化したものである。そうした親から取り入れたルールや価値観も、成長するにしたがって他の人々や社会、教育の影響を受け、徐々に修正されることになる。しかし、この修正は容易なことではない。なぜなら、子供は親を愛しているし、絶対的な信頼を置いているため、親が正しいと繰り返し言っていた行為は正しい行為として確信され、その考えが強く身についてしまうからだ。

それはまた、親の要求する理想的な人間像を取り入れ、その理想像にふさわしい人間になろうとする、ということでもある。フロイトはこうした親子関係に基づく最初の理想像を自我理想と呼び、超自我の土台になるものとして位置づけていた。

超自我の概念が登場する十年前、フロイトは「ナルシシズム入門」において、自我理想は失われた全能な自己像の代理物であり、自我理想を実現するためには絶えず監視する心的法廷が必要である、と述べている。この心的法廷が後に「超自我」と呼ばれるのだが、それは自我理想を実現するためのルールである。

人間は生まれてしばらくの間、泣けば親が何でも望みをかなえてくれるため、自分が何でもできる、無条件に愛されている、という全能感を抱いている。いわば理想的な自己像を抱き、自己愛を満たしているのだ。しかし、やがて親がさまざまな要求をするようになり、その要求（ルール）に従わなければ望みがかなわない、愛されない、と感じることも多くなり、この全能感のある原初的な自己像は失われてしまう。その代わりに、親の要求する理想像を取り入れ、その理想をかなえるために親のルールを内在化するようになる。

フロイトの言葉で言えば、「彼が自己の理想としてその眼前に投影するものは、彼自身が自己の理想であった幼時の、失われたナルシシズムの代理物なのである」（「ナルシシズム入門」[9]）。

たとえば「正義感の強い人間」を自我理想としている人は、正義に反する行為を固く禁ずるようなルールを自分の内側に持っているし、「自分に厳しい人間」を自我理想としている人は、自分を甘やかさないための厳しいルールを内面に数多く持っている。そのルールは必ずしも自覚されておらず、ルールを破ろうとしたときにはじめて、良心の声、罪悪感として感じられるのだ。

では、なぜそのようなことが起きるのであろうか？

フロイトの理論を本質学の観点から捉えるなら、次のように整理することができる。

人間が自分のあるべき姿を最初は親の中に見て、親を模倣しようとするのは、親に愛されたい、親に認められたい、という欲望があるからだ。親の要求や命令に従い、その行動規範を見習うことは、親に認められる人間になるという動機を含んでいる。そして実際に親の要求に従うことで「いい子ね」とほめられれば、自分の存在価値を認められたよろこびが生じてくるだろう。そのため、その後も無意識のうちに超自我のルールに従い、それによって自我理想の実現による自己価値の充足感を得ようとする。

こうした自己の理想像（＝自我理想）、そしてそれを実現するための内的なルール（＝超自我）は、やがて親の承認だけでなく、より多くの人が承認するような理想像とルールへ修正される。それは人間が社会から認められたいだけでなく、他者の承認を介して、より一般性のある価値を目指すようになるからだ。誰もが認めるような価値ある行為、価値ある自己であるために、親の要求や期待だけでなく、友達、先生、世間の人々など、みんなの要求や期待をも意識し、彼らが認めるような行為を重視するようになる。一般的な他者の視点から他者の評価を考慮し、価値の一般性を検討し、より適切な行為、納得のいく行為を選ぶようになるのだ。

このようにフロイトの「自我理想」「超自我」の概念を突き詰めて考えると、この問題がいかに「自己価値への承認欲求」と深く関わっているかが理解できる。第二局所論で提示された欲望の葛藤（外界、超自我、エスの葛藤）に、私たちの実存に即したリアリティがあるのはそのためだ。その意味で、晩年のフロイトが主張した自我心理学は、明らかに重要な一歩を踏み出している。

「〜しなければならない」のはなぜか？

フロイトは最初に無意識論を展開していた頃から「欲望の葛藤」を重視していたが、晩年に第二局所論で提示した心のモデルは、人間的な欲望の葛藤の本質をより明確に捉えている。

まず初期のフロイトが重点を置いていた「性欲と道徳心の葛藤」は、第二局所論で言えば「エスの欲望と現実からの要求の葛藤」であり、「エス」と「外界」（現実社会の道徳規範）の葛藤と言い換えることもできる。しかし晩年のフロイトは、それに加えて「内界の道徳規範＝超自我」との葛藤を重視しており、「エス」と「超自我」の葛藤が大きく取り上げられている。「〜したい」という「エス」の欲望に対して、「〜しなければならない」という「現実」の要求に迫られ、さらに「〜しろ」と「超自我」から命令され、自我は悩み、葛藤するのである。

「超自我」は「自我理想」の実現に関わっており、その根底には自己の存在価値への承認欲求があると考えられるため、これは人間性の本質を鋭く捉えた理論と言ってよい。

フロイトはこうした欲望の葛藤を性欲と道徳心の葛藤に還元することが多かったが、「エスと外界の葛藤」「エスと超自我の葛藤」という葛藤の構造は、それ以外にも数多くの葛藤内容を当てはめることができる。

たとえばエスは性欲以外にも、「食べたい」「遊びたい」「休みたい」など、「〜したい」という欲望一般として捉えることができる。超自我や外界の要求も道徳心だけでなく、「がんばらねばならない」「ルールは守らねばならない」「強くなければならない」など、「〜しなければならない」と義務を感じさせるもの一般として捉え直すことができるだろう。

つまり、「エスと超自我の葛藤」および「エスと外界の葛藤」は、いずれもより広い意味での「したい」と「しなければならない」の葛藤に還元できる。私たちは何らかの「したい」という欲望が湧き起こったとしても、しばしばその欲望を抑制するような「しなければならない」という義務感が生じてしまうのだ。

では、この「しなければならない」という義務の感情は、一体なぜ起きるのであろうか？

私たちが日常の中で「〜しなければならない」と感じて行動する場合、そこには何らかの動機があるはずだ。そしてその動機は、「親にほめられたい」とか「友達と仲良くしたい」「善良な人間でありたい」など、なんらかの欲望が関わっている。それは関係のよろこびや承認のよろこび、自己価値のよろこびを得るためであり、だからこそ「〜しなければならない」と感じている。当然だが、こうした欲望を充足させようという動機がある以上、その失敗への不安を回避しようという動機もある。

極度の疲労から「休まなければ」と感じる場合、身体のよろこびを取り戻そうとする面もあるのだが、それ以上に、病気になりたくない、という思いもあるだろう。つまり、欲望充足が動機というより、不安回避のほうが動機としては強いとも言える。「もっと食べなければ」「危険な場所は避けるべきだ」といった義務の感じも、これと同じように身体的な不安が動機となっている。

また、「友だちとの約束は守らねば」「仲間は助け合わねばならない」といった義務感も、友だちや仲間との関係を維持したい欲望、その関係が壊れる不安を動機としている。さらに言えば、それは「相手に愛されるような人間でありたい」「仲間として認められる人間でありたい」といった、自己価値への欲望と不安にもつながっている。

「仕事をしなければ」と感じることが、「仕事で認められたい」「仕事で見下されたくない」という動機から発している場合には、もっとはっきりと自己価値への欲望と不安が関わっているだろう。夢や理想の実現のために「がんばらねばならない」と感じる場合も、大抵はその実現によって他者から称賛され、社会的承認を得ることが動機として含まれており、その裏には失敗して自己価値が低下することへの強烈な不安がある。

このように、「〜しなければならない」という義務の感情の根底には、「欲望充足」と「不安回避」という動機があり、両者は表裏一体の関係にある。ある欲望を実現するための行為の背後には、それに失敗することへの不安がある。ただ、不安とは危険を避けたいという欲望でもあるため、「したい」と「しなければならない」の葛藤も、結局は「異なる欲望の葛藤」として捉えることができるだろう。フロイトの無意識論はこうした欲望の葛藤を見事に捉えているのである。

内的な自己ルール

さて、「〜しなければならない」という義務感を抱いた場合、そこには欲望充足や不安回避の動機があるのだが、その動機に対して常に自覚的であるとはかぎらない。それがどのような欲望、不安に関わっているのかは、十分に内省してみなければわからないことも多いだろう。それは、そうした「〜しなければならない」ルールが内在化され、習慣化している場合である。特に子供時代の愛憎関係が契機になっている場合は、内省してもなかなか自覚できるものではない。

「〜しなければならない」という義務感の動機が身体的な危機に関する場合、あるいは社会の規範や価値観と一致している場合には、その動機ははっきりと自覚できるものだ。

たとえば信号が赤であれば「止まらねばならない」と感じ、即座にその行為を遂行するはずだが、その動機が「ケガをしたくない」という身体的な危機に関わる不安であることは明らかである。また、「赤信号では止まらなければならない」という社会規範もあり、周囲の目を気にして止まる、という場合もその動機は自覚されている。また、電車で高齢者に「席を譲らねば」と感じる場合も、高齢者がしんどそうだから助けたい、という欲望がある一方で、席を譲ることが社会のマナーであること、そうしなければ周囲から白い目で見られることへの不安が自覚されているかもしれない。

こうした動機が自覚されやすいのは、いま現在の自分に直接関わるリアルなものであるからだ。これに対して、いま現在の自分にとってリアルではないような欲望や不安が動機となることもある。それは過去の経験に起因する欲望や不安が動機となっている場合であり、それは現時点では脅威でなくなっていても、繰り返され、習慣化されることで、無意識のうちに「そうしなければ

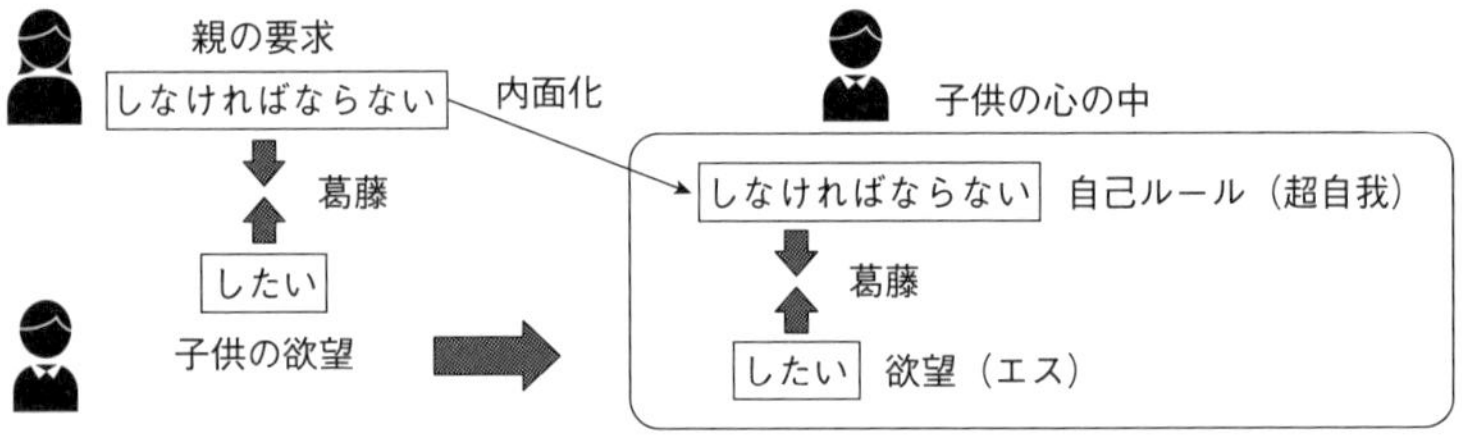

図4－3　親の要求の内在化

ならない」と感じられるようになる。

幼い頃に親に逆らうとひどく怒られる、といった経験が繰り返されていたとしよう。すると、「従わなければ嫌われる」と感じられるようになり、他人の要求には従い、逆らわない、というルールを自分に課してしまう。子供が生きていくには親に嫌われるわけにはいかないため、そのルールは内面に定着し、自分なりの行動規範となってしまうのだ。以下、この内的規範、内面にあるルールのことを「自己ルール」と呼ぶことにしよう。

こうした自己ルールは、大人になるに従って、徐々に修正されるのが普通である。それは最初、親の愛情を維持し、嫌われる不安を回避するために必要なルールだったのかもしれない。しかし成長するに従って、多様な人々との出会いの中で、自己ルールの間違いに気づかされる。また、親以上の知識や論理性、体力を身につけ、親から経済的にも精神的にも自立するようになるため、親に絶対服従する必要性もなくなり、時に反抗し、親の影響力から離れていくのである。

だが、大人になってからも幼少期の呪縛が解けず、「他人に従わなければならない」と感じられ、そのルールに従って行動してしまう場合もある。それは、従わなければ怒鳴りつける、叩く、放置するなど、虐待がある場合、あるいはそれに近いような感情の起伏が激しい反応、愛情が感じられない反応が多い場合である。このような状況では、強い不安、恐怖、支配から脱け出せなくなり、成長しても歪んだ自己ルールは修正できず、結果的に親以外の他人に対しても従順で、逆らうことのできない人間になるかもしれない。

また、親から優等生であることを期待され、「いい子でなければならない」という自己ルールが身につく場合には、「親にほめられたい」という関係のよろこび、自己価値への欲望、そして「いい子でなければ見捨てられる」という不安がある。しかし、成長するに従って知識や思考力が増していくと、親の求める理想と自分の求める理想の間にズレが生じ、親の求める「いい子」であり続けることに違和感、自己不全感を抱くようになることが多い。それでも幼い頃から身につけた自己ルールを修正することは容易でなく、その結果、「優等生でなければならない」と感じながらも、一方ではまったく異なる自分を感じ、もっと自由でありたいと思い悩むようになる。

一般的に、自己ルールの中核的な部分は、親の要求や命令を受け入れ、親の態度をモデルにして作られる。その意味で、フロイトの説明は本質的に正しい。超自我とは、幼児期に親との関係で形成された自己ルールであり、それは自我理想を維持・実現するために存在し続ける。したがって、「エスと外界の葛藤」「エスと超自我の葛藤」という二つの葛藤パターンのうち、その動機がより自覚しにくいのは、自己ルールが問題となる「エスと超自我の葛藤」のほうである。

この親子の関係幻想を強く反映した自己ルール（超自我）は、やがて知識が増え、思考力、第三者の視点が強まると、多かれ少なかれ他の人間関係のなかで修正され、より一般性のあるルール、内的規範となる。さまざまな葛藤を経た上で、自分なりの自立した自己ルールを形成していくのである。

無論、自己ルールの原型は親の愛情や承認が深く関わる中で形成されるため、そう簡単に修正できるものではない。親が偏った思考・価値観を持っている、親に愛情がない、親が子供を自分だけに従わせて、他者の思考や価値観に目を向けさせない、といった歪んだ親子関係があると、当然、自己ルールは偏ったもの、不合理なものになりやすい。第三者の視点、メタレベルの視線が形成されにくいため、あまり他者の意見も受け入れず、なかなか自己ルールを修正できなくなるだろう。

こうした一般性の乏しい歪んだ自己ルールは、ことあるごとに不合理な行為を生み出し、解消しがたい欲望の葛藤、自己不全感、人間関係の軋轢をもたらすのである。

第三者の意識とメタレベルの視線

私たちは誰もが自分なりの行動の基準となる内的規範＝自己ルールを持っている。それは最初、親の愛と承認を獲得するために、親の期待や要求を内面化したものが原型となる。親が偏った価値観や激しい感情の起伏の持ち主ではなく、愛や教育が歪んだものでなければ、強い不安に怯える必要もないため、自己ルールは大きな歪みを抱えることもなく、やがて他の人々との関係の中で修正され、より一般性のある適切なものになるだろう。

しかし、なぜ親以外の人々の指摘や意見を取り入れるのだろうか。親以外の人々にも認められたいから、友達に愛され、世間に承認されたいから、という動機があるのは間違いない。だが、それだけで巨大な影響力を持つ親の呪縛から逃れられるものだろうか？

二者関係のルールは閉鎖的で、一般性、公平性に欠けるにもかかわらず、二人の間に大変強力な紐帯を形成し、逃れがたい関係性を作りやすい。愛と承認に基づくルールであったとしても、利己的で歪んだ愛情、権威的で偏った思考、暴力、恐怖、不安の要素が強ければ、泥沼のような偏執的愛情関係、依存関係、支配関係となり、第三者の入り込む余地のないものになってしまうのだ。

ここで重要になるのが、親によってなされる第三者の示唆である。「お父さんに怒られるよ」とか、「〇〇ちゃんはそんなことしないよ」「みんなはこんなふうにしているよ」という母親の指摘は、子供に第三者を意識させ、みんなからは自分がどう見えるのか、一般の人々はどう考え、どのように見ているのか、そうしたメタレベルの視線をもたらすことになる。

すでに述べたように、男根期における去勢不安によるエディプス・コンプレックスの崩壊、というフロイトの理論は、一見荒唐無稽に見えながらも、本質としてはそうした意味合いを持っている。その結果、男児の母親への性的欲望は抑圧され、父親の要求を受け容れ、その要求は内在化されて超自我と呼ばれる自己ルールとなるのだ。

この場合、父親は社会の代弁者であり、その要求は社会規範に準じたものとして、母と子の二者関係におけるルールを超えた、一般性が意識されたものになるだろう。潜伏期（六歳～十二歳）に入り、性欲のエネルギー（リビドー）は昇華されて学習や社会的関心へ向けられる、というフロイトの説も、いまやその意味が理解できる。幼児は母親に対する過度の愛情要求を抑制し、社会的な価値やルールへ関心が向かうのである。

そう考えると、フロイト理論の持つ本質的な正しさを認めざるを得ない。ただ、それは単に社会的ルールの重要性に目覚めるということではなく、そこには「社会から承認されたい」という欲望がある。母親だけでなく、より多くの人々に認められたいからこそ、一般の人々が共通して価値を認める社会的行為を重視し、社会のルールを守るのだ。それは他者の承認によって自己の存在価値を確認したいという欲望、すなわち自己価値の追求のはじまりでもある。

残念ながら、フロイトの性発達論にはこの自己価値への承認欲求が明確に位置づけられていない。自我理想を求めることは自己価値の追求と同じであるため、フロイトがこの問題に無関心であったとは思えない。しかし、自己価値は承認欲求を介して追求されるものなのだが、フロイトの場合、承認欲求よりも不安を中心にして内的な規範（超自我、自己ルール）の形成を考えているため、自己価値の理論としては弱いのだ。

自己価値の追求

ここで、人間がいかにして自己価値を求めるようになるのか、本質学の観点から整理してみることにしよう。

子供は小学生になると仲間集団を強く意識するようになり、仲間同士で決めたルールを積極的に守るようになる。その多くは場当たり的な遊びのルールだが、これを守らなければ、仲間の承認を得ること、仲間集団におけるよろこびを維持することはできない。またそれ以上に、仲間に必要とされる自分、仲間にとって価値ある自分が強く意識され始める。

自己の存在価値は、親に無条件で愛されたり、親の期待や要求に従ってほめられることで、徐々に意識されるようになる。それが学童期に至る前後には、友だちに認められる自分が意識されるようになり、自己価値にはより多くの人が認めるような、一般性が必要になってくる。そのため、親から与えられたルールを超えて、より一般性のあるルールを気にするようになり、自己ルールも修正せざるを得なくなる。

ただ、こうした意識の変化には、やはり親の協力が必要になるだろう。

子供が友だちやクラスの仲間を意識し、その承認を重視する過程において、親の価値観は相対化され、再検討せざるを得なくなる。自分の家でのルールが、他の子供の家ではまったく違うこと、異なる考え、価値観があることを知れば、どうしても自分の考え、行動を見直さざるを得なくなり、親の要求に疑念を感じたり、ちょっとした反抗を試みたりしながら、親の言いなりではない、自分の意志で考え、決めることが増えるのだ。

これはとても健全な心の発達であり、親はそれを受け容れなければならない。いや、単に受け容れるだけでなく、積極的に第三者を意識させ、一般の人々に承認され得るか否かを考えさせなければならない。「みんなに笑われちゃうよ」「○○ちゃんはそんなことしないよ」「よその家ではこんなふうにしているよ」等々。母親の何気ない言葉の数々には、すでに家族以外の他者を意識させ、第三者の視点を持つように促すような意味が含まれている。すでに私たちは、エディプス・コンプレックス理論の中にこうした意味を読み取ってきた。

こうして自己価値への欲望は、より多くの人々の承認を求めるようになり、一般性のある価値を志向するようになるのだが、思春期、青年期の段階では、まだ一般的他者を意識する視点は弱く、自己価値を正当に評価することができないため、承認の不安を抱えやすい。

たとえば、自分の言動が家族では受け容れられていても、学校で批判や否定にさらされれば、自己価値に自信が持てなくなる。すると、認められようとして過度に他人に同調し、自分の中の素直な感情や考えを心にしまい込む場合もあるだろう。しかし同調によって仲間の承認を得ることは、仲間のちょっとした批判によって脆くも足場が外され、一気に自己価値の下落が起きる危険性もある。そのため、強い不安を抱えざるを得ないのだ。

私たちは第三者の視点を獲得し、価値の一般性を判断する可能性が開かれても、学校や職場、サークルなど、小集団に所属すると、その集団の価値観やルールに囚われ、それに従ったり、同調することになりやすい。そうしなければ、その集団での居場所がなくなり、自己の価値が認められないからである。小集団の閉鎖的な空間の中で、自己価値の一般性を問う余裕をなくし、強い不安と自己不全感に悩まされることも多いだろう。

逆に周囲に認められることに期待せず、他者への同調を見下し、自分の思考や判断を勝手に信じ込む人も少なくない。自分は自分だ、他人は関係ないと考え、周囲を批判し、自分だけは特別だと思い込む。これは独善的に自己価値を信じ、自由を確保しようとする態度であり、ヘーゲルが「自己意識の自由」と呼んだ状態に近いと言える。

しかし、こうした独善的な自己承認の態度を続ければ、周囲の承認は得られないため、結局は承認不安を抱き、自分が価値ある存在だという確信は得られない。そのため、普通は他者の承認を得るために現実的な努力をするようになり、他者の意見や批判に耳を傾け、他者が評価する行動を重視するようになる。

これは一見、他者に同調しているだけのように見えるかもしれない。しかし、思春期を過ぎ、ある程度の思考力、知識が身についてくれば、よほど親や所属集団の価値観に染まっていなければ、その価値を客観視し、判断できる力も育っているはずだ。自分の承認欲求を自覚し、一般的他者が意識されているのなら、そこには納得感があり、決して同調圧力に屈した自己不全感、納得できない苛立ちを抱え込むことはないだろう。親から愛情と承認、そして第三者の視点を与えられていれば、それは閉鎖的な集団における承認不安を克服する力になるのである。

こうして、自分の所属する集団のルール、価値観を客観視できるようになれば、さらに様々な立場や価値観の人々と接しながら、多様な観点から価値の吟味ができるようになる。第三者の視点は「一般的他者の視点」へと成熟し、価値の普遍性が認識できるようになるのだ。それは、普遍的な価値あるものへの追求、欲望につながっている。

ヘーゲルによれば、人間は他者の承認を介して、普遍的な価値を追求するようになる。彼はこの普遍的な価値あるものを「事そのもの」と呼んでいる[10]。

人は自由を守るために他者の意見を聞かず、独善的になりやすいのだが、この独善的に自分を認めている状態（「自己意識の自由」）を抜け出し、積極的に他者の評価を受け容れ、誰もが認めるような価値ある行為、本当に価値あるもの（事そのもの）を求めるようになる、というのだ。この考え方は、人間が承認欲求を介して自己価値の普遍性を求めていく、という人間的欲望の変遷を見事に捉えている。

ただ、ヘーゲルの哲学には「一般的他者の視点」という観点はなく、現実の他者の承認や批判を介して価値の一般性、普遍性を吟味する、という考え方になっている。なるほど、現実の他者の意見を聞くことは大事だが、他者が間違っている場合、偏っている場合もあるので、それを吟味する力も必要になるだろう。そうでなければ、周囲の人間の意見に流され、同調するだけになりかねない。閉鎖的で偏った考えの集団に属していれば、さらに危うい状態になる危険性もある。だからこそ、一般的他者の視点が必要になるのである。

このような視点は、自分の行為が他者の承認を得るだけの価値があるのか否か、自分なりに判断する可能性を切り開いてくれるに違いない。それは自分の行為の価値を自己承認する可能性であり、独断に陥らないために、絶えず現実の他者の声にも耳を傾ける必要がある。そして自分の行為の価値を公平に判断し、自己承認できるようになれば、承認不安にふりまわされることもなく、自己価値を追求できるようになるだろう。

欲動論の本質

この章では後期フロイトの自我論、第二局所論に焦点を当て、それを本質学の観点から捉え直してきた。そこから見えてきたのは、中期の性欲論では明確にされていなかった、自我の欲望の本質であり、それは自我理想という言葉から理解できるように、自己価値への欲望に他ならない。だがフロイトは、人間が自我理想を求めることをはっきりと認識していながら、その本質を明確にしていないだけでなく、自我の欲望を生物学的な意味での自己保存の欲望と重ねて論じている。

フロイトは欲望よりも「欲動」（Trieb）という概念を用いることが多く、それは本能に近いものだが、先天的で変更できないものではなく、環境の影響で目標や対象を変えることのできるもの、内側から行動を促す動因、衝動を意味している。欲動は欲望の生物学的な基盤のようなものとも言えるが、あくまで仮説であり、本質的には欲望として考えた方がわかりやすい。

前期のフロイトは、自我の欲動は性の欲動と対立し、葛藤する、と考えていた。道徳心の根底にあるのが自我の欲動であり、それは性的な願望によって批判を受けないように、自尊心を傷つけないように、自分を守ろうとすることから、「自己保存」の欲動と呼ばれていた。自己保存の欲動は、自分の名誉だけでなく、自分の生命を守り、不安から身を守ろうとする欲望を含め、広い意味で自己を守ろうとする欲望を生み出している。

しかし、中期に発表された「ナルシシズム入門」では、性欲動のエネルギーであるリビドーは、対象だけでなく、自己にも向けられる、という議論を展開している。たとえば幼児の自体愛は、他者にリビドーを向けるのではなく、自己にリビドーを向けている。ナルシシズムも、対象へ向けられていたリビドーが撤収され、自我に供給されて生じている[11]。そこでフロイトは、リビドーを「対象リビドー」と「自我リビドー」の二つに分けたのだ。

だがそうなると、自己に奉仕する自我リビドーは、自我欲動に基づくとも言えるので、性欲動との関係が曖昧になる。自我欲動の一部がリビドー的であるとみなされるようになったため、自我欲動と性欲動の対立は不十分なものになったのだ。

結局、晩年に執筆した「快感原則の彼岸」においては、性欲動と自我欲動はどちらも「生きる」という目的へ向かうという意味で、「生の欲動」と呼ぶようになる。[12]また、フロイトはこの論文において、人間には生と創造を求める「生の欲動」と死と破壊を求める「死の欲動」がある、と主張している。

自己の死と破壊を求める、という「死の欲動」を仮定したことには理由がある。人間は快感を求めるという意味で、快感原則に従っているはずだが、そうした法則に反する現象があるからだ。たとえば「反復強迫」と呼ばれる現象があり、災害や事件などのトラウマで生じる外傷神経症（今日のＰＴＳＤ）では、何度も苦痛に満ちた体験の回想に心を奪われているし、苦痛に満ちた人間関係を何度も繰り返す人もいる。これは自己に対する破壊的な衝動とも言えるので、「死の欲動」が根底にある、と考えることができる。

また、自己に攻撃的なマゾヒズムは「死の欲動」の現われであり、この自己への攻撃性が他者に向かうとき、それはサディズムに変化する。同様に、戦争や暴力など、人間の攻撃性は「死の欲動」が外へ向かったものではないか、とフロイトは述べている。死を求める人間は少ないとしても、他者に攻撃性を向ける人間は多い。第一次世界大戦において人間の攻撃性を垣間見たフロイトは、そこに「死の欲動」があるように思えたに違いない。

こうしてフロイトは、「生の欲動」と「死の欲動」の二元論を仮定するようになったわけだが、このような欲動の二元論へのこだわりは、彼が「欲望の葛藤」を人間存在の根底に見ていたことを示している点で、大変興味深いものと言えよう。

しかし、性欲動と自我欲動を「生の欲動」に統合してしまえば、性欲と道徳心の葛藤も欲動というレベルでは対立しないことになり、現にその葛藤を実感している私たちの感覚とはズレてしまう。「欲動」という生物学的な仮説を持ち込んだことで、実際に対立し、葛藤している欲望の本質が見えにくくなってしまうのだ。したがって、この葛藤の意味をしっかりと理解するためには、欲動の仮説は一旦保留にしておき、私たちが日常の中で感じる欲望からその意味を考えなければならない。だからこそ、私はフロイトの欲動論を科学的な実証性ではなく、本質から検討してきたのである。

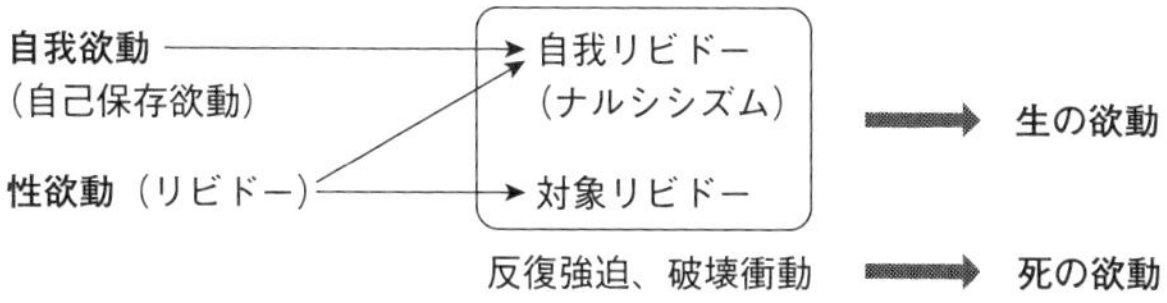

図4－4　フロイトの欲動論の変遷

人間的欲望の変遷

以上、フロイトの無意識論、性欲論、自我論について、前期、中期、後期に分けながら、その理論的な変化を追ってきた。そしてその意味を理解するために、本質学の観点から捉え直してきた。

人間の欲望は、最初は「身体的なよろこび」のみを求め、そこから「関係的なよろこび」を求めるようになり、やがて「自己価値のよろこび」を求めるようになる。自己保存の欲動に依拠して性的満足が生じる、というフロイトの主張が、各々の欲望は先行する他の欲望から生じる、ということを意味するなら、それは本質的には正しかったと言える。

口唇期の授乳は自己保存欲動に基づいているが、それは「身体的なよろこび」であると同時に、原初的な「関係的なよろこび」がめばえる契機となっている。肛門期の排便も同じで、ルール関係における新たな「関係的なよろこび」が生まれ、それはさらに「自己価値のよろこび」につながっている。上手に排便ができれば「えらいね」とほめられ、自己の存在価値を意識させられるからだ。それは自己イメージの形成に影響を与え、後の自我理想に結びつく。

また、男根期のエディプス・コンプレックスは二者関係に介入する第三者に着目している点で、人間が社会性を獲得する構造を示している。去勢不安に象徴される親の行為は、徐々に形成されてきた自己イメージに対し、より客観的に評価する視点を与えてくれるからだ。

無論、それは強い不安とともに示唆されるべきではないし、強引に従わせるようなやり方も不適切である。そうしてしまうと、強固で歪んだ超自我が形成され、後年、精神疾患になる危険性がある。もっと子供の気持ちに寄り添いつつ、より多くの人に認められる可能性を示すやり方で、第三者の視点を意識させなければならない。それでこそ、自らの行為、自らの存在の価値を、公平に吟味、判断できるようになるだろう。

このように欲望が分岐し、複数の欲望が並立するようになると、相互の欲望の間で葛藤が生み出される。再びフロイトの患者エリザベートの症例で考えてみよう。

彼女は義兄を愛したことで無意識のうちに罪悪感を抱いていた。フロイトはそこに性愛願望と道徳心の葛藤があることを指摘したが、私なりに言い換えると、これは「関係的なよろこび」への欲望と「自己価値のよろこび」への欲望の葛藤でもある。彼女は義兄と恋愛関係になりたいという「関係的なよろこび」への欲望を抱えていた。しかし一方で姉に対する罪悪感もあり、義兄への愛をあきらめることで、世間の道徳的な非難を回避し、自分は道徳心のある姉思いの人間である、という自己像を維持したいと感じている。それは「自己価値のよろこび」への欲望なのである。

また、他者との関係を大事にしたい、自己価値を否定されたくない、という欲望を優先し、「身体的なよろこび」を我慢する場合もある。

たとえば、体調が悪いからと言って仕事を休んでばかりいれば、やがて「信用できない奴」「いい加減な人間」と見なされてしまうだろう。職場の仲間との関係もぎくしゃくしてしまうかもしれない。そのため、身体の疲労を考慮して休養すべきか、多少は無理してでも仕事をすべきか迷うとすれば、それは「身体的なよろこび」を断念し、「関係的なよろこび」「自己価値のよろこび」を維持することを選んでいる。

このように、人間は絶えず複数の欲望の間で葛藤し、悩みながら生きている。その意味で、フロイトが「欲望の葛藤」を人間の存在本質と見なしたことは正しかったと言える。人間の欲望は、最初は「身体的なよろこび」への欲望があるだけだが、「身体的なよろこび」を介して「関係的なよろこび」への欲望が生まれ、「関係的なよろこび」を介して「自己価値のよろこび」への欲望が生まれる、といったかたちで分岐し、各々の間で葛藤が生み出される。

私たちはこうした欲望の葛藤の中で、絶えず優先すべき欲望を選びながら生きているのである。

註

（1）A・コジェーヴ『ヘーゲル読解入門』上妻精・今野雅方訳、国文社、一九八七年、一五頁。
（2）S・フロイト「自我とエス」『フロイト著作集6』井村恒郎・小此木啓吾他訳、人文書院、一九七〇年、二六八頁。
（3）S・フロイト「夢判断」『フロイト著作集2』高橋義孝訳、人文書院、一九六八年、四五八～四五九頁。
（4）夢は願望充足だが、刑罰夢（自分が罰せられる夢）はどう説明するのか、という問題について、フロイトは「抑圧された、許すべからざる願望衝動に対して、夢を見ている本人を罰してやりたいという願望」（同前）が夢になったのだと主張している。そして、この願望は明らかに自我に所属するものであり、しかも無意識的なものだと述べている。この主張はすでに自我の無意識性を認めているも同然と言えるだろう。
（5）S・フロイト「精神分析入門（続）」『フロイト著作集1』懸田克躬・高橋義孝訳、人文書院、一九七一年、四四七頁。
（6）S・フロイト「自我とエス」二七五頁。
（7）S・フロイト「精神分析入門（続）」『フロイト著作集1』懸田克躬・高橋義孝訳、人文書院、一九七一年、四五〇頁。
（8）S・フロイト「自我とエス」二八〇頁。
（9）S・フロイト「ナルシシズム入門」一二六頁。
（10）ヘーゲルの『精神現象学』（G・W・F・ヘーゲル『精神の現象学（上）』金子武蔵訳、岩波書店、一九七一年、四〇七～四二三頁）および、西研『ヘーゲル　自由と普遍性の哲学』（河出書房新社、二〇二三年、二一一～二一六頁）を参照。
（11）「外界から撤収されたリビドーは自我に供給されたのであり、こうしてわれわれがナルシシズムとよぶことのできる一つの態度が生じてきたのである」（S・フロイト「ナルシシズム入門」『フロイト著作集5』懸田克躬・高橋義孝他訳、人文書院、一九六九年、一一〇頁）。

（12）「このナルシシズム的なリビドーは、精神分析の意味においては性欲動の力が表現されたものであり、これは最初から存在が確認されていた「自己保存欲動」と同一のものとみる必要があった。このため、自我欲動と性欲動の根源的な対立という考え方は不十分なものになった。自我欲動の一部がリビドー的なものとして認識されたのである」（S・フロイト「快感原則の彼岸」『自我論集』竹田青嗣編・中山元訳、筑摩書房、一九九六年、一八二頁）。

第5章

神経症とは何か?——精神病理の本質

人間論から精神病理論へ

ここまで、私たちは前期の無意識論、中期の性欲論、そして後期の自我論を中心に、フロイトが人間をどのように考えていたのかを確認しつつ、それを本質学の観点から捉え直してきた。この作業によって見えてきたのは、欲望の葛藤を中核に据えたフロイトの人間観である。

今日の世界では、精神分析以外にも多種多様な心理療法が存在し、各々の学派が異なった病理論、治療法を主張し、長きにわたって理論対立を繰り返してきた。それは、これらの心理療法の理論が異なった人間観に基づいており、科学的な検証が困難なためであった。科学的に検証できるのは治療効果のみであるため、それを科学的なエヴィデンスとみなして、現在も効果の優位を競い合っている。

だが、その学派が依って立つ人間観が本質的な正しさを有していれば、そこから導かれる精神病理論、心理療法の技法が正当か否かを判断することは、決して不可能ではないはずだ。では、フロイトの人間理解はどうだろうか?

性欲を重視しすぎていたり、リビドー、幼児性欲、エディプス・コンプレックスなど、科学的な検証に耐えない仮説が多いのは確かであり、それゆえ厳しい批判も受けている。だが、本質という観点から見ると、欲望の葛藤という人間性の本質を鋭く捉えており、この人間理解に基づく精神病理論、治療方法についても、本質的に正しいか否かを判断することはできるはずだ。

そこでこれまでのフロイトの人間理解に基づいて、心の病のメカニズムについての精神病理論、そして治療技法としての精神分析について、フロイトの理論を確認しつつ、本質学から捉え直していきたいと思うのだが、まず本章ではフロイトの精神病理論を検討してみることにしよう。

すでに前期の『ヒステリー研究』を説明した際に、欲望の葛藤、抑圧、といった神経症のメカニズムについて触れてきたが、中期になると性欲論が展開され、それに従って神経症もリビドー仮説や幼児性欲、エディプス・コンプレックスで説明されることが多くなっている。そして晩年の自我論が確立されると、超自我の概念が導入され、欲望の葛藤はさらに精緻なメカニズムが想定され、また不安についても理論修正されており、神経症の理論もそれに応じて整理されている。

以下、そうした精神病理論の展開を追いながら、その本質に目を向けていきたいと思う。

神経症と性倒錯

『ヒステリー研究』や『夢判断』において展開されているフロイト理論は、「欲望の葛藤」という人間性の本質を無意識の根源に置いている点で、従来の無意識論とはまったく異なるものであった。二つの欲望が対立し、葛藤するとき、一方の欲望が無意識に抑圧されることで、神経症の症状が引き起こされる、というわけだ。

この仮説は科学の観点で見る限り、その正当性を検証することはできない。実際に無意識に抑圧されたかどうかはわからないし、そもそも無意識という心の領域が存在する、ということ自体、一つの仮説であり、確かめることはできないからだ。

しかし、現象学的に考えると、そこには正当性があることがわかる。私たちは自分自身を内省してみれば、自分が複数の矛盾した欲望を抱えていること、それらはしばしば葛藤し、不安、苦しみを生み出していることを確認できるだろう。それは自分だけではなく、誰もが同じように答えるはずなので、人間性の本質として正しいはずである。ここではまだ、なぜそれが神経症の症状に転化するのかはわからないが、少なくとも、欲望の葛藤が不安、苦しみを生み出し、それが神経症につながっていることは、ほぼ間違いないと言える。

そう考えると、前期のフロイトの理論が鋭い人間観察、自己内省によってもたらされた、優れた人間理解に基づいていることがわかる。

フロイトはその後、無意識に抑圧された欲望には性愛に関わるものが多いことに気づき、独自の性欲論を展開することになった。欲望の葛藤においても性欲の重要性が認識され、性欲と道徳心の葛藤が神経症の原因として捉えられるようになったのである。

道徳心は、不道徳な性欲に固執すると周囲に非難される、あるいは自分の価値を下げることになる、という不安が根底にあり、それは自己を守ろうとする自我の欲望、自己保存の欲動に基づいている。したがって、性欲と自我の欲望の葛藤から不安が生じ、そのために性欲が抑圧されて神経症が生じるのではないか、と考えられるようになったのだ。

これも最初は性的誘惑・性的虐待のトラウマが原因と考えていたが、それが現実ではないことがわかると、幼児期の願望を反映した空想だと考えるようになった経緯がある。幼児にも性愛願望があるに違いない、特に異性の親に対する性的な願望は、後年、誘惑の空想を生み出す場合もある。そう考えたフロイトは、性的な願望とその葛藤こそが神経症の原因に違いない、そう確信するようになったのである。

しかし、こうした幼児性欲やエディプス・コンプレックスの理論は仮説にすぎず、しかも科学的に実証することは難しいため、この考えは厳しい批判にさらされてきた。実際、性欲論の多くは科学的なエヴィデンスがないため、この批判はおおむね妥当なものだと言える。

まず「性欲論三篇」において展開された性倒錯論についてだが、これは「人間は多形倒錯である」という仮説の上に立った理論である。性倒錯には性対象の倒錯と性目標の倒錯がある。同性愛や小児性愛は性対象の倒錯であり、一方、性器の合一以外を目標にするのが性目標の倒錯。性器以外の口唇や肛門などに性的興奮を求める幼児の自体愛も、基本的には性目標の倒錯であり、それが文化的な影響を経て、性器の結合を目指す正常な性欲になる。つまり、誰もがもともと性倒錯者なのだが、それが成長に従い、文化的に正しいとされる性的欲望へと変わるのだ。

この文化的な抑制が弱かったり、あるいは倒錯的欲望が強ければ、大人になっても倒錯傾向が続き、あるいは増幅、変質し、性倒錯者となるだろう。逆に倒錯的な欲望が過度に抑圧されると、それが神経症の症状となって現われる。たとえば、強い羞恥心、嫌悪感、道徳心によって、正常な限度を超えた性の抑圧が生じれば、身体的な症状が生み出される。これがヒステリーである。

また、神経症は性欲動の力に依存しており、症状は性欲動からエネルギーを得て生み出された、いわば欲求の代理物として考えることができる。抑圧された無意識の欲望（性欲）がはけ口を求め、その代理物として症状を生み出しているのだ。しかし、こうした欲望が抑圧されなければ、性倒錯的傾向はそのまま行為となって現われるので、性倒錯者になってしまう。フロイトの言葉を借りれば、「神経症は性倒錯の陰画」なのである。[1]

リビドーと退行

性欲動のエネルギーである「リビドー」は「性的興奮の領域に起こる経過や変化を計ることのできる、量的に変化しうる力」(「性欲論三篇」[2])であり、それは「自我リビドー」(ナルシシズム的リビドー)と「対象リビドー」の二つに分けることができる。

自我リビドーは性的対象を占有すると対象リビドーになるのだが、対象から引き離され、自我の中に連れ戻されると再び自我リビドーとなる。具体的に言うと、幼児の自体愛は自己の身体にリビドーが向けられているので自我リビドーだが、やがて誰かを好きになり、その相手に性愛的な感情が向けられれば対象リビドーになる。しかし、その相手との関係に挫折し、その欲望を抑圧せざるを得なくなった場合、リビドーは自我リビドーとなって自己の身体へ向かう傾向があるのだ。

こうした自我リビドーの向かう先は、大抵、過去において執着していた身体である。幼児期のある性発達の段階において十分欲望が満たされなかったり、何らかの問題が生じた場合、「固着」と呼ばれる発達の停滞が生じ、後の性格にも影響を及ぼすことになる。口唇期に固着している人は依存的であり、肛門期に固着している人は几帳面で頑固だったりするわけだ。そして対象へ向かうリビドーが挫折した場合、一種の退行が生じ、リビドーは固着した発達段階に注がれることになる。

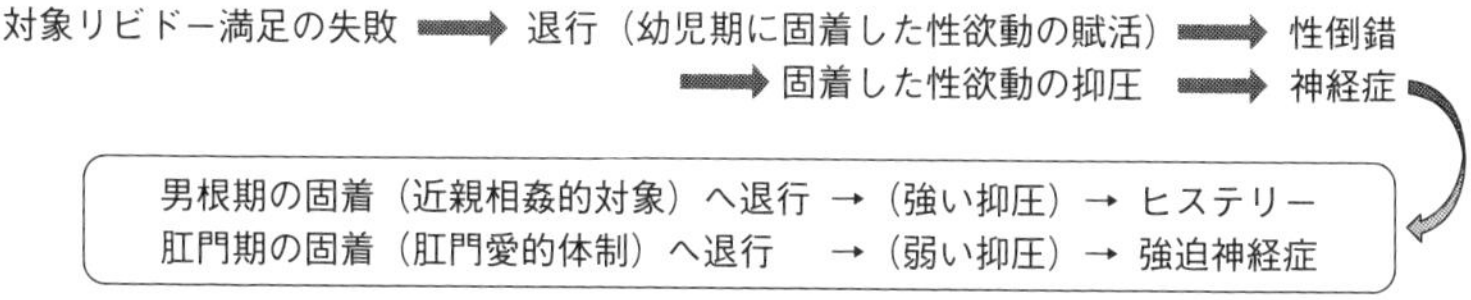

図5－1　対象リビドー満足の失敗とその帰結

フロイトはこれについて、移動中の民族が大部隊を途中に残しておくと、先遣部隊は敵に遭遇した時、大部隊のいる駐留地に引き下がるはずだ、と述べている[3]。たとえば肛門期に固着が生じると、そこに大量のリビドー（エネルギー）が注がれているため、大人になり性器期の段階になっても、その性生活に必要なリビドーが不足し、その機能が停止し、退行が生じ、過去（この場合は肛門期）の性生活に戻ってしまうのだ。

この退行において、固着段階で抑圧が生じるか否かによって、神経症になるか、性倒錯になるかが決定する。男根期に固着があれば、最初の性的対象である親にリビドーの退行が起こり、それが抑圧されればヒステリーになる。肛門期に固着があれば、リビドーは肛門愛へ退行し、それがある程度まで抑圧されることで強迫神経症となる。そして、このどちらの場合においても、抑圧が生じなかった場合は性倒錯になるのである。

こうしたリビドーの欲求（性欲動）が抑圧されるのは、その欲求に反する「自我欲動」のエネルギーがあるからで、だからこそ、性欲動はまわり道を通って欲求を満たそうとするのであり、それが神経症の「症状」を形成する。「神経症は性欲から生ずるのではなく、自我と性欲との間に起こる葛藤にその根源があるということを、あらゆる反論に抗して精神分析は主張している」（『精神分析入門』[4]）とフロイトが強調しているように、神経症の原因は自我欲動

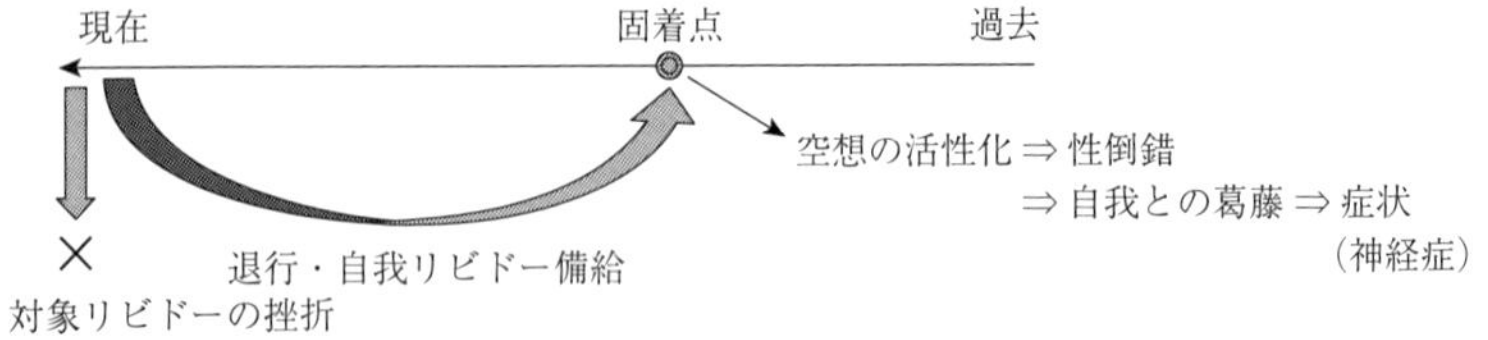

図5－2　リビドーの挫折と退行

と性欲動の葛藤なのである。

自我も快感を求めることに変わりはないが、現実を配慮することで得られる将来的な快感を優先するため、現在の快感を放棄したり、先延ばしにしようとしたりする。だからこそ、自我は快感原則より現実原則に従うのである。

リビドーは自我に拒否されると代わりを求め、それも無理なら退行する。退行が自我の反抗を受けなければ、リビドーは倒錯に至って満たされるが、自我の反抗があれば、葛藤が生じ、リビドーははけ口を求めて無意識の観念、空想に向けられ、その観念は（夢の過程と同様に）圧縮や移動といった変換を受け、神経症の症状が生み出される。

神経症患者は過去のある時期に固着しているが、それはリビドー満足の得られていた時期であり、彼はそれを探し、その満足を反復しようとしている。だが、その性的欲望は自我と葛藤し、症状へと歪められているため、苦痛に変わっているのだ。この苦痛、不快感は、葛藤の緩和という疾病利得の代償であり、神経症の症状は葛藤を避けるために形成されている。自我が弱く、リビドーへの処理能力を失っていれば、こうした葛藤から症状形成に至り、神経症になるのである。

以上のように、リビドーというエネルギーの増減で空想や欲望が活性化したり弱くなったりする、という考え方をフロイトは経済論と呼んでいる。これは、エネルギーがどこに使われても全体の量は変わらない、というエネルギー保存の法則が念頭に置かれているのである。

症例「狼男」

ここでフロイトの考えた神経症理論が実際にはどのような解釈を導くのか、有名な症例「狼男」と症例「ドラ」を例に挙げてみることにしよう。

「ある幼児期神経症の病歴より」（症例「狼男」）という論文[5]によれば、ある青年患者は三歳頃、性器いじりを始め、乳母から去勢威嚇を受けたため、退行が生じ、サディズム的な肛門愛的傾向を帯びるようになり、怒りっぽく、残虐な傾向を示している。その後、四歳で動物恐怖症となるのだが、きっかけは、ある不安な夢であった。

それは、ある冬の夜、窓がひとりでに開き、外には大きな木があり、そこに幾匹かの白い狼が座っている、という夢だが、フロイトによれば、狼の光景は両親の性行為（原光景）が偽装されたものである。つまり、この夢は父親から（同性愛的）性的満足を得る願望を示しており、それと同時に去勢威嚇の現実性を示しているため、

図5－3　「フロイトのデッサンした狼の夢」（『フロイト著作集9』P. 368より）

不安にならざるを得ない。なぜなら、母親は去勢されており、母親のような満足を得るためには、父親に去勢されねばならない、と思えるからだ。

この不安から逃れるために父親への同性愛的な願望を抑圧し、狼＝父親に対して怖れを抱くようになる（幼児期の動物恐怖は父親への恐怖の象徴である）。そして四歳半頃、彼は信心深くなり、床につく前には必ず長いお祈りや儀式的な行為をするようになったが、一方ではキリストに受難を与えた神＝父へのサディズム的な敵意を感じるようになり、「神－豚」「神－大便」という連想が繰り返し生じるようになった。つまり、強迫行為、強迫観念が生じ、強迫神経症になったのである。

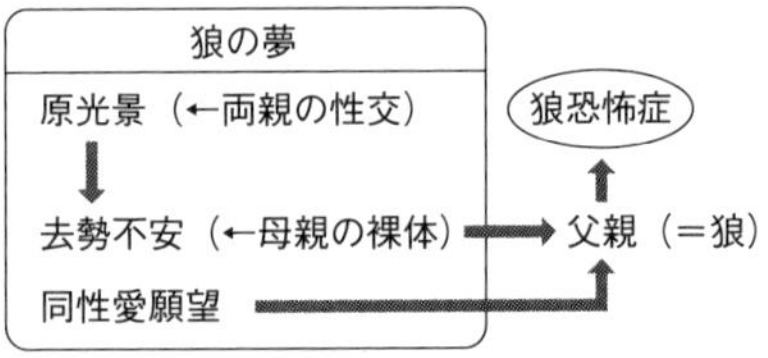

図5－4　症例「狼男」の神経症

この症例に対して、フロイトはこう分析している。

口唇的体制は肛門愛体制に発達し、姉の誘惑もあって性器的体制に目覚め始めていたが、乳母の去勢威嚇によって、再びサディスティックな肛門愛体制に退行している。次に不安夢による原光景の活性化によって、性器的体制が再び活動し始めるのだが、去勢不安によって恐怖症となる。夢の中の母親の裸が去勢された状態と見なされ、それが乳母の去勢威嚇を思い出させることになり、父親に去勢されるかもしれない、という不安が高まったのだ。しかし、愛する父親がそんなことをするはずはない、という思いがあるため、父親は狼に置き換えられて狼恐怖症になる（これはハンスの馬恐怖症が父親に対する去勢不安と関わっていたのと同じである）。

やがて宗教を知り、抑圧という高度な形式を身につけたことで、恐怖症は解消するのだが、代わりに強迫神経症となってしまう。肛門期に固着があり、肛門愛のサディズム、マゾヒズムはその後も沈殿して活動を継続していたからだ。潜在的なサディズムは神への冒瀆へ、マゾヒズムは自分とキリストの受難を重ねる形で、リビドーははけ口を得ることになったのである。

症例「ドラ」

次に「あるヒステリー患者の分析の断片」（症例「ドラ」）について見てみよう。[6]

十八歳の少女ドラは、十二歳頃から神経性の咳が始まり、不機嫌で人との交際を避けるようになった。そして自殺宣言をしたり、失神発作が起きるようになり、フロイトのもとへ受診した。

父親の話によると、保養地にいる間、K氏夫妻と親交を結んだが、ある日、ドラは、アルプス湖畔でK氏と散歩中に愛の告白を受けたという。K氏に釈明を要求すると、「想像で作り上げた」ものだと主張したが、ドラによれば、十四歳のときに、K氏が突然ドラを引き寄せ、唇に接吻するという事件があった。この時、ドラは激しい吐き気を感じ、身を引き離したと述べている。

しかしフロイトの分析において、ドラはK氏との関係に注意を向けたがらず、父とK夫人の恋愛関係ばかりに固執し、父への非難を繰り返していた。彼女は父親にK氏夫妻との交際を断つように求めたこともあったが、拒否されている。しかし、これはドラがK氏への愛を隠蔽するためだったと考えられる。失声をともなった咳の発作も、K氏の不在の間だけ続いており、明らかにK氏の問題が関わっていたからだ。ドラは最初、この解釈を否定したが、後に認めるようになり、湖畔の事件で終わってしまったと告白した。

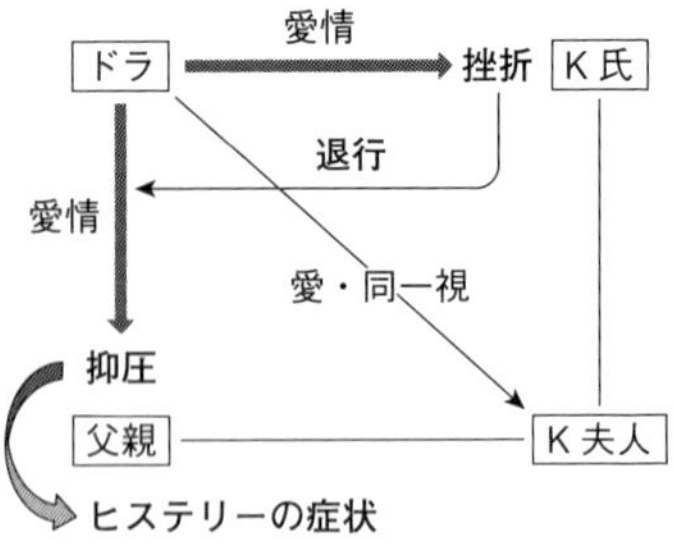

図5－5　症例「ドラ」の神経症

　また、ドラは自分とK夫人を同一視しており、これはドラが父親に恋していることを示している。K夫人は父に愛されているため、自分をK夫人と重ね合わせることで、父親に愛されたいと感じているのだ。フロイトによれば、湖畔の事件以来、ドラはK氏と手を切ったつもりだったが、K氏への思慕は続いており、苦痛と化した恋愛感情から身を守るために、父に対する幼児期の愛慕を呼び覚ましたのだと考えられる。リビドー論で言い換えると、K氏へのリビドーは挫折し、エディプス・コンプレックスのあった男根期に退行が生じ、父親への性愛願望が喚起されたのだ。そしてその願望が抑圧されたとき、ヒステリー症状（咳、失神発作）が生じるようになったのである。

　また、ドラにはK夫人に対する同性愛感情もあった、とフロイトは述べている。父とK夫人の関係に固執するドラの思考は、単にK氏に対する愛を抑圧するためだけでなく、父親への性愛願望、そしてK夫人への無意識的な恋愛を隠す面もあったのだ。

　このように、ドラと狼男の症例は幼児性欲、エディプス・コンプレックス、リビドーの理論によって説明されており、フロイトの性欲論が複雑に組み合わされた解釈になっている。これは初期の『ヒステリー研究』におけるエリザベートやルーシーの症例が、欲望の葛藤と抑圧、症状への転化、といった比較的わかりやすい解釈で成り立っていたのとは対照的である。

　なるほど、リビドーの挫折と固着のある幼児期への退行、抑圧と症状への転化など、フロイトの性欲論が正しいとすれば、見事な解釈と言えるし、バラバラなピースをパズルのように組み立て、推理し、結論を導く手つきは、大変興味深いものだと言える。ただ、リビドー論そのものが根拠に乏しく、実証もされない仮説である以上、安易に鵜呑みにするわけにはいかない。私たちは仮説から出発するのではなく、人間性の本質から精神病理を考えてみなければならない。

不安から捉えた神経症

フロイトの神経症理論を考える上で、もう一つ欠かせないのが「不安」という現象についてである。これまで欲望の葛藤、抑圧から症状が形成される、というプロセスを見てきたが、その際、不安が大きな役割を果たしていることは間違いない。少なくとも、フロイトはそう考えていたはずであり、不安は神経症の中核に位置付けられるべき重要性を持っていた(7)。

しかし、一九一〇年代までのフロイトは不安をリビドー論から説明しようとしているため、かなり問題の多い不安論になっている。

『精神分析入門』(一九一七年)において「不安の発生は危険に対する自我の反応であり、逃走開始を告げる信号(8)」だとされており、フロイトが早くから不安の本質に気づいていたことは間違いない。しかしその一方で、「自我がおのれのリビドーから逃走することを意味する不安は、このリビドーそのものから生じたものだということになるのですが、この点はどうもすっきりしません(9)」と述べており、不安がリビドーから生じる可能性について論じている。神経症の不安は、正常ではないリビドーの使用に危険を感じ、そこから逃れようとした結果の産物というわけだ。

正常ではない性的欲望は道徳心に反するため、罪悪感、良心の不安が生じることに異論はないのだが、フロイトの主張では、なぜリビドーに危険を感じるのかが不明確で、使用されなかったリビドーが不安に変化する、という奇妙な仮説を提示している。「不安という形式における発散は、抑圧されたリビドーの最初の運命[10]」だというのである。

性欲動のエネルギーが不安に変換されて発散する、というこの理論は、不安を実体化した根拠の乏しい理論のように思えるが、不安を「危険を告げる信号」として捉えている点は、不安の役割、意味をうまく捉えている。晩年のフロイトは、この考えをさらに発展させ、「防衛機制」という概念によって、不安の役割をより一層明確にしており、掘り下げた議論を展開している。一九二六年に書かれた論文「制止、症状、不安」には次のように述べられている。

すなわち不安は危険状況への反応であり、自我が何とかしてこの状況をさけ、そこから脱するならば不安をまぬかれる。そこで、症状は不安の発展をさけるためにつくられるのだといえるが、それでは深く考察したことにならない。むしろ、不安の発生が合図となった危険状況をさけるために症状がつくられる、といったほうが正しい。（「制止、症状、不安[11]」）

不安は危険状態への信号であり、この信号によって、自我は危険な状況を無意識のうちに避けようとする。この無意識の危険回避反応、防衛反応こそ、神経症の症状を作り上げるのである。フロイトはこの無意識的な防衛反応を「防衛機制」と呼んでいる。

たとえば、都合の悪い観念を抑圧するのも防衛機制の一種であり、欲望の葛藤の結果として不安が生じ、その不安に対する防衛機制として抑圧が生じ、それが症状を生み出している。この考えは『精神分析入門』における不安論とはかなり異なっていることがわかるだろう。リビドーが抑圧されて不安に変わるのではなく、不安があるから抑圧が生じる、という理論に修正されているのだ。この変化はフロイトも認めているが、本質学の観点から見ても妥当な考えと言える。

また、後期のフロイトが自我を重視するようになったことにともない、不安も自我の不安として明確に位置づけられている。リビドーに対して自我が不安を感じて抑圧するのであり、それは自我の弱さを示している。自我が強ければ意識的に葛藤を乗り越え、判断し、行動できるはずなのだが、自我が弱ければ無意識のうちに防衛機制が働き、抑圧が生じてしまうのだ。

こうして、不安から生じる症状の問題は、自我の防衛機制の問題として捉えることができるようになった。また、防衛機制は抑圧だけでなく、置き換え、退行、反動形成、投影など、他にもいくつか種類があり、その違いによって神経症の症状も異なってくる、と考えられるようになった。もともと「防衛」という概念は、一八九四年に書かれた「防衛‐神経精神病」の頃から用いられていたが、やがて神経症の症状はすべて「抑圧」で説明されるようになり、そして晩年になって再び、抑圧以外の防衛機制についても積極的に論じられるようになったのだ。

たとえば、ヒステリーでは「抑圧」が防衛機制として働き、不安が生じない代わりに、運動麻痺、不随意性の運動や痙攣、痛みや幻覚など、運動や知覚機能の障害が生じている。原因は、抑圧がおこった状況の中で痛みがあった、幻覚はその状況での知覚であった、麻痺している運動はその状況で遂行されるはずであった、などが考えられる。不安を感じさせる表象が抑圧されることで、不安は感じないのだが、その代償として身体的な苦痛が生じているのである。

また、恐怖症では「投影」と「置き換え」が防衛機制として働き、恐怖の対象が別のものに置き換えられている。

馬恐怖症のハンスは、馬に嚙まれるという不安（症状）のために、街を歩くこともできなかったが、その原因は去勢不安にあった。彼は母親を愛していたため、邪魔な父親を憎んでいたが、一方では父親を愛してもいたため、父親への攻撃心は抑圧されている。その結果、父親を「攻撃したい」という自分の衝動は父親に「投影」され、父親から「攻撃される」と感じている。しかも愛する父親が自分を攻撃するはずはない、という思いもあるため、「父親」からの攻撃は「馬」からの攻撃に「置き換え」られている。

さらに強迫神経症では、「退行」「反動形成」「取消」「分離」など、複数の防衛機制が複雑に絡み合って働いている。

強迫神経症の原因はヒステリーと同様に情愛の衝動だが、肛門期に固着があり、性器期の編成が弱いため、抑圧は不完全にならざるを得ない。その結果、自我の防衛はサディズム的肛門期への「退行」に向かい、情愛衝動は攻撃衝動へと変わり、超自我の破壊性を強めることになる。しかし、自我は厳格化した超自我に服従することで「反動形成」を発展させ、極度に良心的、同情的、潔癖となる。超自我の過酷な批判を甘受し、禁止を守ることによって、自我は攻撃性による罪悪感を自覚せずにすむのである。

強迫神経症には他にも防衛機制が働いている。たとえば、魔術的な儀式によって不安な状況が起こらないようにする反応を「取消」という。手洗いを止められない強迫行為などは、反動形成による潔癖もあるが、手を洗うことで不安な状況を打ち消しているのだ。また「分離」という防衛機制では、不都合な表象を完全に抑圧することはできないが、その情緒を感じないようにしたり、関連する表象を抑制することができる。これは、都合の悪いことを遠ざけたり、注意を逸らしたりするのと基本的には同じである。

このように、晩年の神経症論は「自我の防衛」に重点を置いた、より説得力のある理論になったと言える。それは、超自我、自我理想の考察を含め、自我の欲望の本質を洞察し、自我の防衛反応の意味を明確にできるようになったからであり、またそれ以上に、不安の本質を再検討し、症状の意味を不安の本質から説明できるようになったからである。

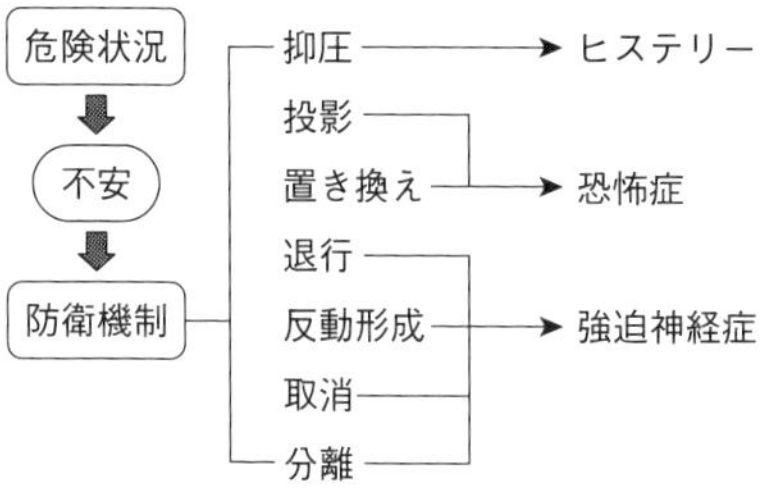

図5－6　防衛機制のメカニズム

不安の本質と精神疾患

後期フロイトの神経症論が前期、中期の理論よりも優れているのは、不安の本質を鋭く捉えているからだ。不安は危険を知らせる信号であり、危険を防ぐための反応を促す役割を果たしている。神経症の症状をこうした不安への防衛反応（防衛機制）として捉えると、症状の意味が明確になり、説得力のある無意識の解釈が生まれるのだ。

とはいえ、フロイトは防衛機制を生物学的な機能のように説明しており、しかも、あらゆる神経症的な不安の根源に去勢不安を置いている。また、「抑圧」や「置き換え」などの防衛機制が本当に存在するのか否か、それを科学的に検証することもできない。そのため、フロイトの神経症理論はひとつの仮説にすぎないと批判され、今日では重視する精神科医、心理臨床家も多くはない。

しかし、理論を評価する場合、その仮説性、実証不可能性ばかりを批判して、その本質を捉え損ねるのは、あまりよい評価とは言えないだろう。そして、本質学の観点からフロイトの神経症論を捉え直してみると、神経症が不安への防衛反応である、という考え方はやはり説得力がある。

ここで不安の本質をもう一度、現象学の思考法（本質観取）で考えてみることにしよう。

自らの不安の経験を内省し、そこで捉えた意味に普遍性があるのか否かを考察してみると、不安とは危険（悪い状況）を知らせてくれる信号であり、そこには危険を回避する可能性と、選択の自由が存在することがわかる。私たちは不安な感情が生じたとき、いつもそこに何らかの危険な状況が差し迫っていると感じ、その危険を避けようとしている自分に気づかされる。フロイトの言うとおり、不安は危険を知らせる信号であり、危険を防ごうとする行動、反応を促すものなのだ。

こうした不安への防衛反応、対処行動は、神経症者に限らず、誰にでも生じている人間の一般的な行動様式だが、不安が大きすぎれば、誤った判断や対処行動が生じたり、無意識の防衛反応が歪な形で現われる。神経症とは、こうした大きな不安による不適切な防衛反応、と考えることができるのではないか。

不安が大きくなるのには、いくつかの理由が考えられる。まず、事故や事件、災害に巻き込まれたり、暴行や暴言に繰り返しさらされるなど、過度に危険な状態を体験し、それがトラウマになっている場合が考えられる。また、幼い頃より愛情や承認が得られない状態が常態化している場合も、周囲に対して信用や安心ができず、慢性的な不安に悩まされる可能性がある。

それだけではない。不安は不快で苦しい感情であるだけでなく、自分の弱さを感じさせるため、不安それ自体が危険なものに思えてくる面もある。不安という不快な危険状況に対してさらに不安を感じれば、不安は大きくならざるを得ないだろう。不安が危険な状況を知らせているのだとすれば、不安に対して生じる不安も一種の防衛反応と言えるのだが、この反応は不安を増大させる結果となり、不安な自分を意識すればするほど、不安は募り、とめどなく不安になる。そのため冷静な判断ができなくなり、対処できずにパニックに陥ったり、慢性的な不安そのものに悩まされ続けることになるのである。

このように、不安のはたす役割、性質を考えてみると、フロイトが精神分析の対象とした精神神経症（ヒステリー、恐怖症、強迫神経症）よりも、多くの心の病を説明することが可能になる。

たとえば、不安の増幅する性質からは、パニック障害や全般性不安障害など、不安を主症状とする病を説明することができる。こうした不安を主症状とする病は、かつて不安神経症や心気症などと呼ばれ、フロイトは現実神経症と呼んでいた。そして、現実神経症の症状は身体的な結果であり、心的な葛藤もなく、精神分析の対象外だと考えていた。しかし、不安を過度に気にすることは、「不安に対する不安」が関係している可能性が高く、いわば不安という危険な状態に対して不安という防衛反応が生じた結果、不安があまりに大きくなり、適切な対処行動ができなくなるのではないか、と考えることができる。もしそうなら、不安を主症状とする病についても説明がつくだろう。

また、事故や事件、虐待などのトラウマによって生じるＰＴＳＤは、かつて外傷神経症と呼ばれ、これも精神分析の対象外だとフロイトは考えていた。過去の悲惨な記憶が繰り返し甦るフラッシュバックは、危険を回避する防衛反応であるどころか、絶えず精神を脅かす症状である。フロイトはこうした強迫的に繰り返される現象を「反復強迫」と呼び、「死の欲動」によるものだと説明している。苦しみをもたらす現象が繰り返されるのであれば、そこには自己破壊的な衝動がある、というわけだ。

しかし、不安そのものが危険を知らせる防衛反応だとすれば、フラッシュバックという現象も繰り返し危険を知らせ、警戒するように警鐘を鳴らしているのではないだろうか。経験した悲惨な状況があまりに恐ろしかったため、再び悲惨な状況にならないように、些細なきっかけでも不安になり、悲惨な経験が想起されるのかもしれない。しかし、過大な不安は誤った対処行動を生むか、不安に圧倒されて身動きが取れなくなってしまうため、それは防衛反応に見えないだけなのだ。

さらに言えば、神経症よりも重度の精神障害においても、「不安への防衛反応」は重要な意味を持っている。

たとえば、統合失調症や発達障害、認知症などは、素質や脳などの身体的要因が大きいと見られており、不安が原因とは見なされていない。しかし、脳の問題で認知に障害が出た場合でも、それによって世界が不可解に感じたり、他者の態度に違和感を抱いたり、コミュニケーションに齟齬が生じるようになれば、当然、不安は大きくなる。そして、この不安に対処する行動や身体反応もまた、歪んだ形で現われる可能性が高く、これも症状と見なされるのだが、それは不安によって二次的に生じた現象なのである。

このように、多くの精神疾患、心理的な障害は、「不安への防衛反応」を中心にして考えると、かなり納得のいく説明ができる。それは、不安という現象が心の病に特有なことではなく、誰もが危機的状況に遭遇すれば起こり得るような、人間の一般的な存在様式だからなのである。

自己ルールの歪み

ところで、不安への防衛反応は日常的に繰り返されると習慣化し、内的な行動規範、自己ルールを形成するのだが、それが心の病につながる場合も少なくない。

人間は危険な状況に遭遇すると不安を感じ、「何とかせねば」と考え、危険を回避し、対処する行動を取ろうとする。そして、そうした状況が繰り返され、同じような対処行動を繰り返していると、その行動様式は習慣化し、無意識のうちに内的な行動規範、自己ルールが形成されることになる。こうして私たちは、経験の中で様々な自己ルールを身につけ、困難な状況になっても即座に対応できるようになる。自己ルールがあるからこそ、不安を感じても迷うことなく、適切な行動を取ることができるのだ。

もし自己ルールが形成されなければ、私たちはいつも不安を感じた場合、どうすればよいのか迷い、日々の生活を安心して送ることができないだろう。だが、自己ルールがいつも適切な行動を導いてくれるわけではない。

たとえば、他人とうまく関わることができない、他人に変に思われるかもしれない、という不安を抱えている人は、「人と会うのを避けねばならない」と感じるようになり、家にひきこもってしまうかもしれない。これは他人に批判されたり、変に見られる、という危険を避けるために外出しないのであり、ひきこもりという行為が不安への防衛反応となっている。なるほど、出かけなければ他人と会うストレスは回避できるが、長期にわたって学校や仕事、他者との関わりを放棄していれば、関係のよろこびや承認のよろこびは得られないし、生活そのものが破綻してしまう可能性もある。

また、何度も仕事の予定を手帳で確認してしまう人は、仕事のミスで非難されることに強い不安があり、防衛反応として確認する行為が常態化し、「何度も確認せねばならない」という自己ルールが形成されている。これが適度に確認を促す自己ルールであれば、几帳面な性格というだけの話であり、むしろ仕事のミスが少ない優秀な人として評価されるかもしれない。だが、日常生活に支障をきたすほど過度に確認を繰り返す場合には、仕事の能率も悪くなるし、あまりにも強いストレスに疲弊し、安心のある暮らしは望めない。これは強迫神経症の典型的パターンである。

他人に気を遣いすぎる人も、他人に嫌われることへの不安があり、その防衛行動として気遣いがなされており、「他人には十分配慮しなければならない」という自己ルールが根底にある。適度な気遣いは「気遣いのできる立派な人」として評価されるが、これが過剰な気遣いになると、病的に同調したり、忖度したり、徹底して相手に尽くすようになり、自己不全感、人間関係に対する極度の疲労感が拭えなくなる。ひどいときは、うつ病にさえなるだろう。

こうした不適切な防衛反応が繰り返されると、歪んだ自己ルールが形成され、あまり危機的状況ではなくとも自動的に自己ルールの「～しなければならない」が感じられるようになり、それに従った行動をしてしまうようになる。それは状況にそぐわない行動であったり、不合理で強迫的な行為、社会的に逸脱した行為の場合もある。そして、それが自分や他人を苦しめてしまう行為であれば、病的な行為として治療の必要性が生じてくる。

結局、多くの「心の病」において問題なのは、不合理な「不安への防衛反応」によって理由の見えない苦悩を抱え、自分一人では解消できない状態になることなのだ。そして、こうした防衛反応を繰り返していれば、いつもそう「～しなければならない」と感じさせるような、歪んだ自己ルールが形成されてしまうだろう。

こうした自己ルールの問題については、これまでにも心理療法の世界ではしばしば指摘されてきた。

論理療法で有名なエリスは、偏った「～すべきだ」といった考えを「べき思考」あるいは非合理的信念と呼び、神経症の原因として考えていた。認知療法の創始者であるベックも、誤った思考パターン、認知の歪み（スキーマ）が心の病を生み出すと主張している。また、新フロイト主義者のカレン・ホーナイはより明快に、「彼らは一連の「すべきだ」と「ねばならない」によって支配されている」（『精神分析の新しい道』[12]）と早くから述べている。

しかし、誰よりも早く、この問題を指摘していたのはフロイトである。彼の言う「超自我」とは、内的な規範（自己ルール）のことであり、それは幼児期の親子関係において、親の命令や要求、ルールが内在化されたものである。それは心の病の原理を説明するだけでなく、広く人間一般の存在本質を捉えた考え方であった。

フロイトによれば、超自我は去勢不安によって父親の命令に従うようになった結果として形成された内的なルールである。つまり、去勢という危険に対して不安を感じ、その危険を避けるために、父親の要求に従うという防衛行動を取るようになり、その結果、父親の要求が自己ルールとして内面に形成されてしまった、というわけだ。しかし、女性に去勢不安などないし、男性であっても去勢不安を感じたことのない人のほうが多いだろう。

私の考えでは、自己ルール（超自我）が形成されるのは、親との関係のよろこびや親による自己価値の承認が動機となっている。子供は「親に愛されたい」「親に認められたい」といった思いから、親の命令や要求を聞き入れる。そして、親に愛される人間であるために、この命令や要求を自分のルールとして取り込み、自己ルールを形成する。

無論、自己ルールを形成するのは親の要求や期待に関わる承認欲求や不安だけではなく、様々な欲望や不安が関わっている。ある行為が成功体験を導いたことによって、その行為が繰り返され、自己ルールと化す場合もあれば、何か危険な事件に遭い、その危険を避けるための回避行動が自己ルールとして身につく場合もあるだろう。しかし、最初に基本的な自己ルールを形成するのは、間違いなく親子関係における不安と欲望なのである。

そのため、幼児期の親との関係が歪んだもの、不安定なものであれば、自己ルールにも歪みが生じてしまう。親が歪んだ価値観を持っていたり、理不尽な命令を与えても、子供は親の愛を失わないために従わざるを得ないからであり、親との関係、承認を維持するために、歪んだ自己ルールを形成してしまうのだ。そして不合理で歪な行動が常態化し、心の病の症状と呼ばれるようになるのである。

心の病とは何か?

これまでの考察からわかるのは、フロイトがヒステリー、恐怖症、強迫神経症の症状に見出した「不安に対する防衛機制」は、不安の指し示す危険に対する防衛反応、危険回避行動として考えるなら、より多くの精神疾患を含んだ心の病の本質と言えそうである。この本質から心の病が生じるプロセスをまとめると、おおよそ次のようになるだろう。

まず心の病の原因となる危険状況としては、事故や事件に巻き込まれて身の危険が生じたり（身体的苦痛）、失恋や親との死別（関係のよろこびの喪失）、周囲からの非難や軽蔑（自己価値の下落）、などが考えられる。これらの危険状況が迫ると不安が生じるが、一度その危険を経験している場合には、それに似た状況に遭遇したり、あるいはその状況を想像するだけでも強い不安に

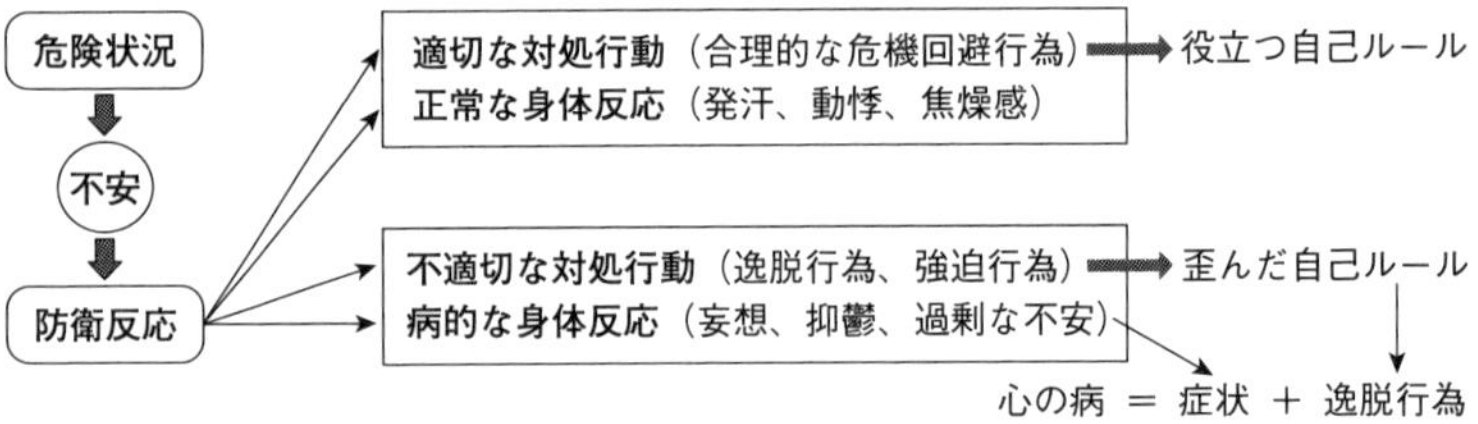

図5－7　不安への防衛反応と自己ルール、症状の形成

襲われる。

不安が生じると「何とかしなければならない」と感じ、危険を避けるための対処行動を取ろうとする。この行動が適切かつ有効なものであれば、以後、似たような状況でも繰り返されるようになり、適切な自己ルールが形成される。これが一般的で健全な反応である。

しかし、危険を避けるための行動が不適切であったり、その場では仕方がない反応だが一般性がなかったりすれば、その行為が習慣化すると歪んだ自己ルールが形成され、無意識のうちに社会的に逸脱した行為、不合理な強迫行為などを繰り返すようになる。この場合は病的な反応として、心の病と診断される可能性が高くなる。

不安は意識的な対処行動だけでなく、無意識的な身体反応を生み出すことが少なくない。発汗、や動悸、焦燥は健康な人であっても普通に生じるが、不安が実際の危険に見合わないほど過大になったり、よくわからないまま慢性的に不安になる場合もある。これは「不安に対する不安」が生じている可能性が高く、不安を意識しすぎるために、かえって不安が増大しているに違いない。おそらく不安神経症は、こうした不安の悪循環が慢性化した結果なのだろう。

また、それ以外にも無意識的な身体反応が生じる場合はある。それが身体の不調、強迫観念、特定の対象への不自然な恐怖反応であれば、それはヒステリー、強迫神経症、恐怖症の症状と見ることもできる。フロイトはこうした無意識の身体反応を、防衛機制によるものだと考えた。これらも結局は、危険を避けようとする防衛反応なのである。

以上のように、フロイトが神経症の中核に据えた「不安への防衛反応」は、ヒステリーや強迫神経症、恐怖症のみならず、かなり多くの精神疾患を説明することができる。不安が原因ではない精神疾患さえ、二次的に他者や世界に対する不安が生じ、過剰に不安が増幅したり、歪んだ防衛反応に結びつくことは少なくない。そう考えると、神経症を不安と防衛機制から説明したフロイトの理論は、心の病の本質を鋭く捉えていた、と言えるのではないだろうか。

さらに言えば、過度な不安による歪んだ危険回避行動が繰り返されると、歪んだ自己ルール、行動パターンが形成される、といった多くの心の病に見られる現象も、フロイトの超自我の理論から説明できる。後に認知療法が認知の歪み、思考の歪みとして重視する問題も、すでにフロイトの精神分析の射程に入っていたのだ。

もちろん、フロイトの精神病理論には問題も多いことは否めない。

神経症が性倒錯の陰画だという主張も怪しいし、退行によって固着のある幼児期にリビドーが投入され、そこで抑圧が生じれば神経症になる、という説明も納得しがたい面がある。ただ、何らかの心理的な問題が生じた際に、過去における心の傷や問題が想起され、当時の身体反応が生じたり、強迫的な行為が繰り返されることはあるだろう。

また、フロイトは神経症の原因として、しばしばエディプス・コンプレックスと去勢不安の問題を重視しているが、これらの仮説も証明することはできない。しかし、エディプス・コンプレックスの理論の本質は、親の愛と承認を動機として、親の期待や要求を受け容れ、その行動様式、ルールを取り入れる、という点にあり、それはほとんどの人が経験するため、人間の存在様式の本質としては妥当なものだと言ってよい。

このように、本質学の観点から見たとき、フロイトの神経症理論は決して荒唐無稽な仮説ではなく、本質的に優れた面がある。それは、人間性の本質に基づいており、本来なら、もっと評価されてもよいはずだ。批判するのは簡単だが、理論の本質に目を向けなければ、フロイトを公正に評価することはできないだろう。

註

（1）S・フロイト「性欲論三篇」『フロイト著作集5』懸田克躬・高橋義孝他訳、人文書院、一九六九年、三三頁。
（2）同前、七三頁。
（3）S・フロイト「精神分析入門」『フロイト著作集1』懸田克躬・高橋義孝訳、人文書院、一九七一年、二八一頁。
（4）同前、二九〇頁。
（5）S・フロイト「ある幼児期神経症の病歴より」『フロイト著作集9』小此木啓吾訳、人文書院、一九八三年、三四八～四五四頁。
（6）S・フロイト「あるヒステリー患者の分析の断片」『フロイト著作集5』二七六頁。
（7）「不安の問題は、ありとあらゆるきわめて重大な諸問題がそこで結び合わされる節点であることは確かです。すなわち不安の問題とは、それを解決すれば、われわれの心的生活の全体の上に豊かな光が注がれるにちがいないと思われる一つの謎なのです」（S・フロイト「精神分析入門」『フロイト著作集1』懸田克躬・高橋義孝訳、人文書院、一九七一年、三二三頁)。

(8)同前、三三三頁。

(9)同前。

(10)同前、三三七頁。

(11)S・フロイト「制止、症状、不安」『フロイト著作集6』井村恒郎・小此木啓吾他訳、人文書院、一九七〇年、三四八頁。

(12)K・ホーナイ『精神分析の新しい道』安田一郎訳、誠信書房、一九七二年、二〇七頁。

第6章

精神分析とは何か？——心の治療と技法の本質

精神分析の治療方法

前章ではフロイトの精神病理論を中心に、神経症のメカニズム、心の病の本質について考えてきた。では、神経症を含む心の病は一体どのようにして治すことができるのか。本章では、その治療方法としての精神分析療法を見ていきたいと思う。

すでに説明したとおり、フロイトが精神分析という独自の治療法を開発するに至った出発点は催眠療法であった。シャルコーやベルネームの催眠療法に関心を抱き、自ら「催眠暗示」を試みるようになったのだ。しかし、ブロイアーの患者（症例「アンナ・O」）の話を聞いたことがきっかけで、催眠によって無意識になっていた過去を思い出せば、症状が解消されることに気づかされる。そこで催眠暗示ではなく、催眠によって過去を想起させ、感情を解放すればよい、と考えるようになったのであり、これが「催眠カタルシス法」である。ここにはすでに、無意識を意識化すれば治る、という精神分析の原型となる考え方があると言えよう。

しかし、フロイトは催眠術を使うのが上手ではなかったため、額に手をあてて想起させる「前額法」に切り替えることが多くなった。この方法では患者の抵抗が生じやすく、簡単には思い出せない状況が重なったが、ケガの功名と言うべきか、これが「抵抗」「抑圧」の発見につながり、精神分析を確立する礎となる。

無意識になっている記憶は、思い出したくないから無意識になっているのであり、そこには無意識に押しやる力が働いているに違いない。この力が無意識への抑圧を引き起こし、思い出そうとすれば再び無意識に押し戻そうとするのであり、それが患者による無意識の抵抗（話を逸らしたり、否定する）になるのだろう。そう考えることで、フロイトは神経症が欲望を満たそうとする力と、それを抑えようとする別の力の葛藤ではないか、と考えることができるようになった。神経症の根底にある「欲望の葛藤」に気づいたのだ。

そこでフロイトは、治療においては「抑圧された欲望」を自覚するだけでなく、「抑圧する働き」のほうも自覚する必要がある、そのためには抵抗を分析する必要がある、と考えるようになった。患者による無意識の抵抗を取り上げ、解釈し、自覚させるのである。

たとえば道徳心から性欲が抑圧されていたとすれば、抑圧された欲望だけでなく、抑圧を引き起こしている道徳心にも気づかなければならない。そうでなければ、また何度でも抑圧が引き起こされ、症状がぶり返してしまうため、根本的な解決には至らないからだ。感情を発散させること（カタルシス）ではなく、抑圧を解消することこそ重要なのである。

したがって、催眠を使うことはかえって治療の邪魔になりやすい。なぜなら、催眠を使えば自我の力は弱くなり、抵抗が生じないからである。[1] 催眠を放棄し、あえて抵抗を起こさせることで、抑圧、欲望の葛藤があることに気づくことができる。そのため催眠術を使わずに、抵抗を解消しつつ、無意識の記憶を想起しなければならないのだ。

こうして確立されたのが「自由連想法」である。

この方法では、患者は寝椅子に横たわり、目をつむり、自由に思い浮かんだことを語らなければならない。その際、どんなに些細なイメージや、無関係な表象のように思えても、決して「関係ない」などと否定せず、公平に注意を向けて語るように伝えておく。思い浮かんだことに対して批判したり、取捨選択してはならない、という原則を守らせるのだ。

それでも患者は必ず、否定したり、一瞬、沈黙することで、抵抗を示すだろう。しかし、分析家はいかなる偏見も排して患者が語ることを聞き、些細なことにも「平等に漂う注意」を向けなければならない。そして抵抗と思われる反応があった場合には、そこに抑圧が生じる重要な何かがあるはずなので、その機を逃さず分析する。無意識の抵抗を解釈することで、抵抗を回避することができれば、発病のきっかけとなった状況に連想は向かい、無意識に抑圧されていた表象は徐々に炙り出されてくるだろう。分析家はその無意識を解釈することで症状を解消する。

こうして、精神分析という、まったく新しい治療法が開発されたわけだが、しかし実際の治療には、まだ様々な困難があった。抵抗はなかなか克服されないし、抑圧された無意識も簡単には意識に浮上しない。時には激しく分析家に反抗したり、極度に依存的態度を示してくる患者もいる。そこでフロイトは、こうした現象についての理解を深め、さらに精密な原則を構築する必要性があった。

転移と行動化

繰り返すが、無意識に抑圧された記憶は、容易に意識化することはできない。それは思い出すことが不快であり、自覚することが不都合な内容であるからだ。そうでなければ、そもそも抑圧されることもなかったはずであり、治療過程で抵抗が起こることもないだろう。

しかし、患者自身は思い出せなくとも、行為として現われる場合もある、とフロイトは述べている。患者は「想い出す」のではなく「行為にあらわす」のであり、「彼はそれを（言語的な記憶として再生するのではなく、行為として再現する」（「想起、反復、徹底操作[2]」）。自分でも気づかないうちに、その行動を反復してしまうのだ。

たとえば、患者は「私は両親に対して反抗的でした」とは言わず、分析医に対して反抗的な態度を繰り返す。分析中、こうした反復への強迫から解放されることはなく、抵抗が大きければ大きいほど、記憶の想起は行為の反復によって代理される。抑圧していたもの、実現し得なかった態度、病的な性格特性など、症状のすべてが反復されるのである。

こうした行為は、治療を邪魔する抵抗としても働くため、一見、治療を混乱させるやっかいな現象に見える。だが、それは無意識の欲望を示しているのであり、無意識を明らかにするヒントに溢れている。したがって、行為化をどう解釈するかが、治療の重要なポイントになるのだ。そして、このような行為の反復において、特に重要になるのが「転移」と呼ばれる現象である。

すでに述べたように、転移とは過去の対人関係、特に幼少期の親子関係における感情、行動様式が、治療関係に投影され、繰り返されることである。母親を愛するあまり依存的な態度を取っていた患者は、治療者に愛情を向けたり、依存的な態度を取るだろう。権威的な父親を怖れ、萎縮した態度を取っていたなら、治療者の権威に萎縮した態度を取るかもしれない。先ほど例に挙げた、両親に反抗的だった患者が、治療者に対して反抗的な態度を示した場合も、単なる行為化ではなく、転移として捉えることができる。

転移が過去における親子の感情的な関係性を明らかにしている以上、無意識の解釈において、最も重要な現象であることは間違いない。なぜなら、精神分析において特に重視している無意識こそ、そうした親子における関係感情だからである。

ただ、転移は治療を妨害する抵抗としても働くため、ことはそう簡単にはいかない。場合によっては、治療者との関係が激しい愛憎によって壊れてしまい、二度と治療を受けに来なくなる危険性もある。転移の観念は早くから意識に浮上し、抵抗の最も強力な武器となるのだ。

この点について、フロイトは次のように指摘している。

転移現象の解決が精神分析医にとって、最大の困難であることは否定できない。しかし、まさにこの解決こそが患者の精神の内部に隠され忘れられた愛情の動きを現実的なものにし、はっきりと顕在化するはかり知れない奉仕の仕事であることを忘れてはならない。(「転移の力動性について」[3])

では、どのようにして転移を解決し、無意識の感情を明らかにするのだろうか?

まず、患者は医師に対して特殊な関心を寄せはじめ、最初のうちは医師と患者の交流は非常に快適なものとなる。転移は治療のはじめから起こっているのであり、分析のために有効に働いているかぎりは感知されず、気にするにも及ばない。このような陽性転移(愛情を投影した転移)が適度なものであれば、治療はうまく進展するだろう。なぜなら、陽性転移が症状の代わりにリビドー満足をもたらせば、それだけ症状を生み出すリビドーは減るので、症状は緩和されるからだ、とフロイトは言う。このリビドーによる説明は怪しいが、患者が好意的態度を示し、治療者を信頼し、分析治療の意義を認めれば、治療者の解釈を受け容れやすくなるのは確かである。

しかし、やがて患者はもう何も連想が出てこないと主張し、分析に関心を向けなくなり、医師は抵抗に直面する。それは、患者が強い情愛の気持ちを医師に転移したからだ。若い女性と比較的若い男性医師の場合、それは正常な恋愛のようにも見えるだろう。この場合、性的欲求に由来することが明らかで、その感情への内的反抗を呼び起こしているため、十分な注意が必要になる。また、愛情が憎悪に転化したり、敵対感情が強くなった場合、つまり陰性転移が生じた場合はさらに危険であり、その感情に巻き込まれないように気をつけなければならない。

要するに、おだやかな陽性転移の下で治療を進められるなら、記憶の想起に没入させることができるのだが、陽性転移が敵対的（陰性転移）なものやエロティックなものになれば、記憶の想起が不可能になり、行為の反復に席を譲るのだ。

こうした危険性に留意するなら、転移は治療において利用することができる。もともとあった神経症の症状は転移という現象の中に現われるため、これは転移性の神経症に置き換えられたことになる。そして、この転移神経症は人為的に作られたものなので、操作しやすく、癒すことも容易になっている。つまり、治しにくい厄介な神経症を転移神経症に変えることで、治療をしやすくできるのだ。

感情転移が現われると、症状に向けられていたリビドーは医師へ向けられ、症状からリビドーは失われる。そして古い葛藤が医師との葛藤として現われるが、分析家は解釈をとおして抑圧を避ける方向へ促し、正常な心理的葛藤として扱うことで、自我とリビドーの対立を解消する。これは、その場で生じている葛藤を直接取り上げるからこそ、記憶の想起から解釈するより効果的なのだ。その後、転移を解消することで、リビドーは分析家から引き離されるが、無意識の解釈によって自我は強くなっているので、症状がぶり返すことはないだろう。

陽性転移があるから解釈を受け容れるというのなら、それは暗示ではないか、という批判もあるかもしれない。だが催眠暗示とは異なり、当を得ていない解釈は淘汰され、患者は正しい解釈だけを受け容れるものだ、とフロイトは言う。早すぎる効果が出た場合には、患者が間違った解釈を受け容れた可能性もあるのだが、転移を解釈によって解消すれば問題は解決する。

以上が、中期の性欲論、リビドー論から前期の治療法を練り直し、また転移という現象に重点を置いて整理し直された精神分析技法の原理である。

逆転移と無意識の交流

ところで、転移という現象は患者のみに起こる現象とは限らず、治療者にも起こり得る。治療者の過去における重要人物への感情が患者に向けられ、過剰な愛情や憎悪となる場合もあるのだ。これは逆転移と呼ばれる現象であり、分析家の病的な葛藤や不安によるものであれば、治療を著しく阻害するため、絶対に避けられねばならない。

たとえば、治療者が幼少期に愛されず、満たされない欲望を抱えていた場合、患者が陽性転移によって治療者に愛情を向けてくれれば、治療者の過去の欲望、葛藤が刺激され、その愛に応えようとするかもしれない。すると疑似恋愛的な転移関係に陥り、治療関係は壊れてしまうだろう。こうした転移性恋愛は、若く未熟な分析家に生じやすい。

そこで分析家は必ず自己分析をする必要があるし、どんなに経験を積んだ後でも、自己分析は絶えず続けていかなければならない、とフロイトは考えていた。自分自身の無意識的な葛藤、欲望に無自覚であるほど、逆転移を抑制できず、無意識の行動化につながるからである。その意味で、自己分析だけでなく、治療者自身がベテランの分析家による精神分析を受け、自らの無意識を自覚していく作業は欠かせない。これが今日の精神分析家の養成において、教育分析が課されている理由である。

また、治療者は逆転移が生じないように、自らの主観的な感情に流されず、「中立性」を保たなければならない。患者の無意識を客観的に分析する上で、治療者が感じた主観的な感情は邪魔なだけで、むしろ客観的態度、中立性を阻害する、そう考えられたからだ。

それと同時に、治療者は患者の無意識の欲望を満たしてはならない、とフロイトは述べている。患者を病気にしたのは欲求満足の挫折であり、症状はその代理満足の役割を果たしているのだが、この欲求を満たしてしまうと、治療への原動力が失われ、さらなる洞察を止めてしまい、回復が長続きしないからだ。そこで、「分析療法は、それが可能である限り節制――禁欲――のうちに行なわれなければならない」(「精神分析療法の道」[4])。中立性を守り、患者に感情的な反応をしないこと、特に愛情を求めてきても応えないことが必要なのである。

ただ、現在の精神分析では治療者の主観的な感情は決して邪魔なものではなく、むしろ治療に使える、と考える分析家も少なくない。特に一九七〇年代になると、コフートが共感を重視するようになり、「分析者は共感的でないと、必要なデータを観察したり収集することができない」（『自己の分析』[5]）と述べている。これは、初期の精神分析が重視してきた中立性の概念への痛烈な批判でもあった。

さらにハイマンは逆転移の意味を拡げ、治療者が患者に対して感じるすべての感情として捉え、「分析家の逆転移というものは、分析関係において不可欠な部分であるに留まらず、それは患者による創造であり、患者のパーソナリティの一部である」（「逆転移について」[6]）と述べている。つまり、治療者の心に立ち上がった感情は、必ずしも治療者の病的な過去の産物ではなく、患者の感情が感じ取られているのであり、そうだとすれば、患者の無意識を理解する上で不可欠な情報が得られることになる。

こうした主張は、今日では広く受け容れられ、現代精神分析では治療者の患者に対する感情はすべて禁忌というわけではなく、むしろ治療への有効性を持っている、と考えられている。無論、フロイトが危惧したように、治療者の病的な逆転移は論外だが。

しかし、フロイトが中立性を重視していたと言っても、客観的な視点で患者の無意識を分析する、主観的に感じたことはすべて脇に置いておく、ということとは少し異なっている。フロイトによれば、分析家は自分の無意識を電話の受話器のように、患者の無意識を直接受け取れるように使うべきであり、その際、分析家にわき起こった感情は、患者の感情が投影されたものである可能性がある。フロイトはそれを逆転移とは呼ばなかったが、ハイマンの主張では、こうした分析家の無意識的な反応はすべて広義の逆転移と呼ぶことができる。

たとえば、フロイトは次のように述べている。

分析医は、患者の提供する無意識に対して、自分自身の無意識を受容器官としてさし向け、話者に対する電話の受話器のような役割を果さなければならないのである。受話器が音波によって、電線上に生じた電流の振動を、ふたたび音波に変化させるように、分析医の無意識は自分に報告された患者の無意識の派生物から、患者が思い浮べた事柄（連想）を決定している無意識そのものを再構成するのである。（「分析医に対する分析治療上の注意」[7]）

私たちの日常的なコミュニケーションにおいても、相手の無意識的な態度にこちらも無意識のうちに反応している、ということは誰でも思い当たるはずである。同様なことが精神分析において生じた場合、患者の無意識的な情動が分析家の無意識に直接伝わり、分析家の無意識に患者の感情がそのまま感じられている。だから分析家は、自分の無意識を電話の受話器のように、患者の無意識を直接受け取れるように使うべきだ、そうフロイトは考えたのだ。

まず分析家は、患者の身体的反応や行動、ちょっとした言動に対しても平等に注意を向けなければならない。特定のことに注意を向ければ、分析家は無意識のうちに特定の材料を選択してしまうからだ。分析家はすべてに対して平等に耳を澄まし、メモを取ったり考え込んだりせず、ただ傾聴すればよい。そして分析時間が終了してから獲得した材料を検討し、無意識の欲望、抵抗を読みとり、それを患者に指摘し、解釈を伝えることになる。

それは、単に先入観を持たずに解釈するため、というだけではない。分析家の無意識は患者の無意識に反応し、自然と重要な問題を察知しているはずなのだ。分析家は分析を終えた後、患者の語った内容を検討する中で、知らず知らずのうちに（無意識のうちに！）重要な材料を受け取っていたことに気づかされる。そしてその気づきに基づいて、患者の無意識の内容を再構成していくのである。

エス分析と自我分析

さて、ここまで述べてきた治療技法の理論は、すでに一九一〇年代には主張されていたが、その後、「自我とエス」における第二局所論が確立したことで、彼の治療論はさらに精緻に練り上げられていくことになった。そこで、最晩年（一九三七年）に執筆された論文「終りある分析と終りなき分析」に基づいて、フロイトが最後に到達した治療論を確認してみることにしよう。

まず神経症のメカニズムから整理すると、素因的な欲動が強いほど、外傷は固着を生じやすく、未成熟な自我の防衛手段である「抑圧」が生じやすい。しかし、自我が弱ければ、この幼児的な抑圧では欲動の強度が高まると耐えきれず、異常な方法で代償満足を求めるようになり、それが神経症の症状として現われる。抑圧がリビドーを堰き止めるダムだとすれば、脆弱なダムから溢れ出したリビドーは症状という形になる、と考えればわかりやすいだろう。

そこで精神分析では、自我に対する病的な欲動を自我の統合の中に組み入れようとする。「一定の成熟に達して強化されている自我に、かつて未成熟で弱い幼児的な自我が行なった古い抑圧の訂正を試みさせるのである」（「終りある分析と終りなき分析[8]」）。幼児期に作られた抑圧を廃棄し、成人の自我にふさわしい形で自覚的に欲動を抑制し、阻止できるようにするのだ。幼児期の抑圧を成人後に訂正し、欲動の巨大な力の脅威に終止符を打つのが、精神分析療法の仕事と言えるだろう。

しかし、欲望の葛藤が現実に現われていなければ、分析によって影響を与えることはできない。そのため、患者の欲望を禁止することで、ある程度まで現実的な苦痛に曝す必要がある。精神分析が禁欲原則を採用し、欲求不満の状態で進めるのはそのためだ。ただし、新たな葛藤をひき起こすことはリスクがともなうため、患者に欲望の葛藤について話して聞かせ、それが起こる可能性に馴染ませておいたり、転移の中で人為的に新しい葛藤をつくり出す必要がある。

また、患者のエスを自我に従わせ、自我に統合しなければならないので、治療者は患者の自我と信頼関係を築き、治療のための同盟を結ぶことも必要だ。そのためには、患者の自我が正常でなければならないが、それはあくまで理想で、実際には患者の自我は弱く変化している。

幼い頃から、自我はエスと外界を媒介し、エスを外界の危険から守ろうとするのだが、そのうち自我はエスに対しても防衛的になる。欲動を満足させることは、外界との葛藤を惹き起こす危険がある、と自我が理解するからだ。そのため、自我は闘争の舞台を外部から内部へと移し、危険が外的なものになる以前にそれを内的な危険として扱い、防衛機制を用いるようになる。そして、選ばれた防衛機制は自我の中に定着し、規則的な反応様式となって、成人になっても繰り返されるようになる。大人になった後も、現実には存在していない危険に対してもなお自己を防衛しようとし続けるのである。

このように、自我は習慣化した方法（防衛機制）に固執しているため、幼児期に防いだ危険とほぼ等しい内容の現実を探し出し、同じ防衛反応を繰り返す。超自我の影響力もあり、絶えずそのような反応、行動を「しなければならない」と感じるようになるのだ。危険が外部から内部に移る、とはそういうことに他ならない。すると、次第に外界からの疎隔が大きくなって自我は弱くなり、神経症が起こりやすくなる。

したがって、治療においてはこうした自我の変化に焦点を当て、自我を分析し、自我を強くしなければならない。それは、「しなければならない」という超自我の要求を分析することでもある。

これまでの治療論を整理すると、初期のフロイトは、抑圧された無意識の欲望を自覚すれば神経症は治る、とシンプルに考えていたが、患者がこうした治療に対して無意識の抵抗を示したことにより、抑圧された欲望（エス）は内的な道徳規範（超自我）に抵触して不安が生じるため、この不安を避けようとする無意識の働きが抵抗となって現われる、と考えるようになった。それは不安に対する防衛反応であり、そもそも神経症の症状もそれが原因だったのだ、と。

こうしてフロイトは抑圧された欲望の分析だけでなく、自我の防衛反応に関する分析が必要だと感じはじめ、抑圧された欲望の分析は「エス分析」、自我の防衛反応の分析は「自我分析」と呼ぶようになった。

われわれは、分析操作をつづけてゆくさいには、ある時はエス分析をある時は自我分析をという具合に、たえず振子のように治療の努力を交互に向け換えていくのである。ある場合にはエスについて何ごとかを意識化させ、また他の場合には自我についてある点を訂正しようとするのである。(「終りある分析と終りなき分析」[9])

「エス分析」とは、自由連想によって無意識の欲望(エス)を分析し、意識化することであり、一方、「自我分析」は自我の防衛機制と超自我の分析を意味するが、これは主として、無意識の抵抗として現われたものを分析する。

精神分析ではこの二つの分析を交互に行うのだが、まず抵抗を分析しなければならない。抵抗は抑圧だけでなく、幼児期からの自我の防衛パターンを繰り返しているはずなので、そこに焦点を当てる必要がある。適度な陽性転移が生じれば、患者は治療者の解釈を受け容れやすくなるだろう。その理由は、次のフロイトの言葉の中に明確に示されている。

患者が分析医を彼の父(あるいは彼の母)の立場におくならば、超自我が、自我に及ぼす権威的な力を、分析医が自己に振うことを承認するようになる。なぜならば、この両親こそ、超自我の根源だからである。さて、この新しい超自我としての分析医は、神経症患者に対して一種の「再教育」の機会を持つ。この再教育は、両親の教育にその原因を求めなければならないような教育上の歪みを訂正することができる。(「精神分析学概説」[10])

もともと超自我は親の要求から形成されたものであり、それは大人になり親から離れた後でも、患者の内的規範(自己ルール)、行動パターンとして定着し、なかなか変えられるものではない。しかし、親が治療者に投影された転移状況であれば、患者は親の要求と同じくらい重要なものとして、治療者の言葉を受け取ることになる。それは親の教育を修正する再教育のようなものだ、とフロイトは言いたいのである。これは陽性転移が治療に有効な理由として、リビドーが医師へ向けられるから症状が解消される、という中期における説明よりもはるかに説得力がある。

ともあれ、こうした自我分析によって自我の防衛、超自我の無意識が明らかになれば、抵抗はなくなり、抑圧された欲望を解明するエス分析に移ることができる。しかし、それは簡単には進まない。抵抗の解決(分析)に対する抵抗も生じるだろうし、葛藤の出現によって陰性転移感情が優勢になり、分析状況を壊そうとするかもしれない。

したがって、抵抗について、何度も繰り返し解釈を与えることが必要になる。フロイトはこうした解釈を繰り返し行う作業を「徹底操作」と呼び、こう述べている。「われわれは今や患者に知られるにいたった抵抗をさらに熟知させるために、その抵抗を徹底操作し durcharbeiten、抵抗に逆らって精神分析の基本原則による操作(自由連想法)を続けながらそれを克服するためには、患者に時を与えなければならない」(「想起、反復、徹底操作[11]」)と。徹底操作が頂点に達した

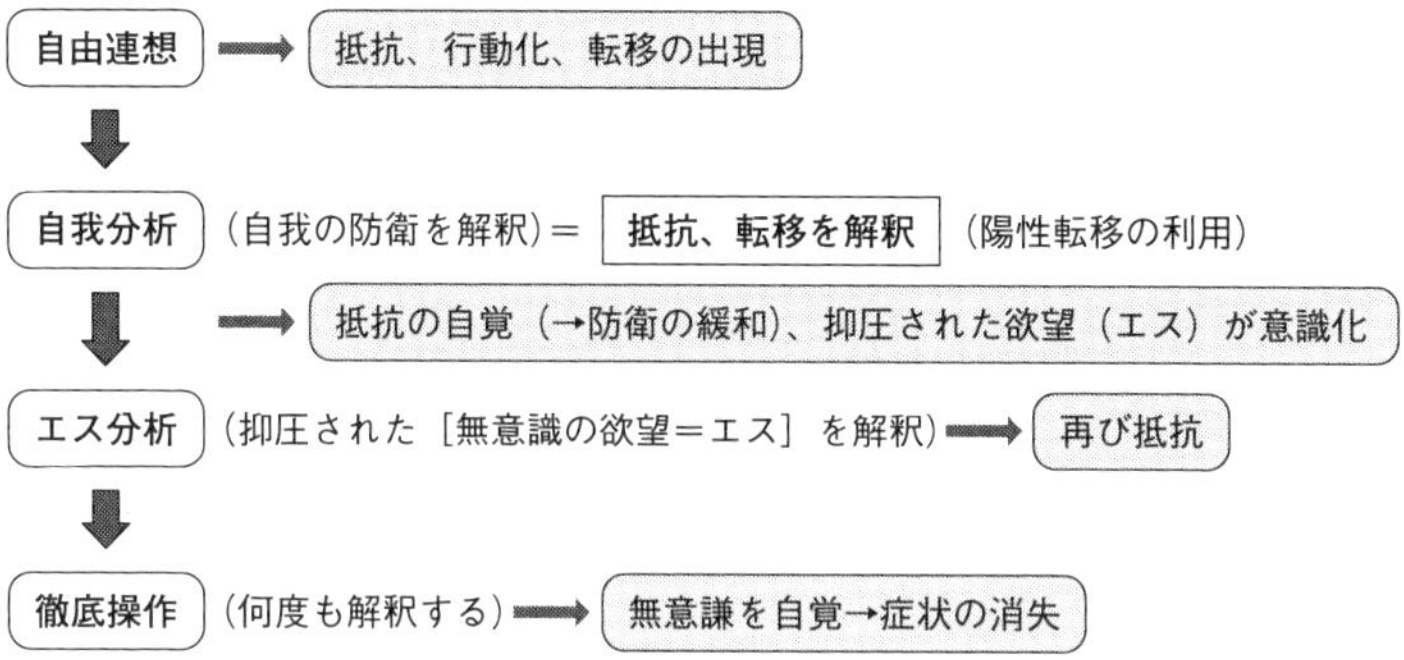

図6−1　フロイト晩年の技法論

時こそ、抑圧された欲望が明らかになる、というわけだ。

以上が、晩年のフロイトが到達した精神分析の治療論である。

無意識の現象学

ところで、フロイトの治療論はどこまで妥当性があるのだろうか？

すでに精神分析療法が登場してから一世紀以上が過ぎているが、今日における治療技法としての評価はあまり高いとは言えない。精神分析が科学的に実証され得ない治療仮説であるからだが、それは他の多くの心理療法も似たようなものであり、それでも一定の治療効果があるからこそ、百年以上経った今日でも実践されているのだ。

問題なのは、この治療方法でなぜ効果があるのか、ということである。リビドー論や去勢不安が実証されなくとも、臨床の現場で実践されている行為が一定の治療効果を持つとすれば、そこにはフロイト自身も明確にできなかったような、何か重要な治療の本質があるに違いない。以下、その本質について考えてみることにしよう。

まず最も大きな謎は、なぜ無意識を解釈すれば治るのか、ということである。この問いはフロイトだけでなく、無意識を重視する多くの心理療法に投げかけられるべきものかもしれない[12]。そして、この問いに答えるためには、「無意識」の本質を考えてみる必要がある。

私たちは日常の中で「無意識」という言葉を聞くと、無意識とは何であるのか、その意味を自分なりに直観しているものだ。「無意識のうちにやっていた」とか「無意識の欲望があった」といった言葉が会話に出てきたとき、その言葉を理解できない人はいないだろう。誰もが「無意識」という言葉を聞いたことがあり、普段から使っているのは、他者と共有されている無意識の意味を知っている、ということだ。だからこそ、「無意識」という言葉を聞いた瞬間に、その意味を直観することができるのであり、何の疑問もなく「無意識」という言葉を使って会話することができる。

ただ、無意識の辞書的な意味は他者と共有もできるが、価値観や経験の違いから、よくよく話せばその意味の理解にはズレがあることも少なくない。そこで、自らが直観している意味を出発点にして、多くの人が納得するような意味、共通了解が可能な意味を考えてみる必要がある。そうした意味こそ、誰もが納得するような普遍性があるため、無意識の「本質」と呼べるからである。

このような本質の解明には、やはり現象学における「本質観取」が必要になる。私はかつて無意識の本質観取について、拙著『無意識の正体[13]』において詳細に論じているので、ここではその考察に基づいて、要点のみをごく簡単に説明しておきたい。

「無意識」の本質観取にあたっては、まず日常経験を振り返り、「無意識がある」と感じるのは一体どのようなときなのか、どのような状況で「無意識」という言葉を使っているのか、よく思い出してみる必要がある。そして、このような手順で本質観取を実行した結果、次の五つが無意識を確信する経験として浮かび上がってきた。それは「習慣化した行為」「自律神経反応」「感情」「イメージ」、そして「他者の反応」である。

「習慣化した行為」とは、何度も同じ動作、行為を繰り返すことによって、特に意識しなくても身体が自動的に反応し、「無意識のうちにやっていた」と感じさせる行為のことだ。たとえばスポーツや車の運転における瞬時の反応、熟練の職人による素早い作業など。また、考え事をしながら歩いていても、いつの間にか目的地へ着いている、というような場合も無意識を感じさせるだろう。習慣によって繰り返された行為は、考えなくても身体が勝手に反応してくれるため、無意識にやっていた、と感じさせるのだ。

また、自分の意志ではコントロールできない身体機能の反応も、やはり無意識を感じさせるものだと言える。胃が痛くなる、動悸が速くなる、冷や汗をかく、といった経験をするとき、私たちは無意識の不安がある、と感じてしまうことがある。「自律神経反応」は、無意識の欲望や不安が原因だと感じさせることが少なくないのだ。

同じことは「感情」や「イメージ」から無意識を確信する場合にも言える。

たとえば、興味がないと思っていた女性が別の男性と親しそうに話しているのを見て、自分のなかに嫉妬の「感情」があることに気づけば、「彼女のことを無意識のうちに好きになっていたのかもしれない」と考えるに違いない。「感情」は自分の本音を指し示すものだと考えられるため、予想外の感情に出会った場合、無意識だったと思いやすいのだ。

また、気にしていないと思っていたことが、記憶や空想の中の「イメージ」として繰り返し意識に上ってくれば、「実は無意識のうちに気にしていたのかもしれない」と考えてしまうだろう。繰り返し想像されなくとも、「夢」のように意図せざる「イメージ」が浮かんでくれば、それは無意識の現われと見なされる場合もある。

このように、自らの身体的な反応の中に無意識を見出すことは少なくない。一方、こうした身体現象から確信される無意識とは異なり、他者に指摘されるなど、他者との関係から確信される無意識もある。これが「他者の反応」における無意識の経験である。

誰かに「本当は不安なんでしょう?」と言われて、自分に不安があったことを気づかされた場合、私たちはその不安が無意識のうちにあったのだと考える。言葉で指摘されなくとも、相手の心配そうな表情や態度から、自分は不安だと思われている、ひょっとすると無意識のうちに不安を感じている自分がいて、それが言動に現われていたのかもしれない、と思うこともあるだろう。他者の指摘、態度、表情といった「他者の反応」は、自分では思いもよらなかったことを、自らの無意識として確信させるのである。

身体からの気づき

無意識だった、という確信をもたらす「習慣化した行為」「自律神経反応」「感情」「イメージ」は、いずれも身体的な現象であり、無意識の確信が身体に深く関わっていることを示している。それは、身体が私のものでありながら、しかし私の意図を超えて反応する側面を持つからだ。

そうした意図せざる身体の反応に対して、私たちは身体を突き動かす無意識の動機を想定することも少なくない。そして、これらの身体現象が無意識的な動機、欲望、不安の反映として捉えられると、私たちは自分自身をそうした動機、欲望、不安を持った人間だと確信し、自分自身を理解し直すことになる。無意識の確信が生じると同時に、自分自身の欲望や不安への気づきが生じ、それにともなって自己理解も変わるのだ。

感情があふれ出したとき、私たちはそれを紛れもない本音として受け取り、それは無意識にあった感情であり、それこそ「本当の自分」だと思うだろう。動悸や発汗などの自律神経反応も、自己の欲望や不安の現われとして感じられるに違いない。自律神経反応だけでなく、頭痛があったり、胃腸の調子が悪くなるなど、身体の不調はしばしば無意識の不安の現われとして捉えられる。

一方、同じ身体的な現象でも、「習慣化した行為」は必ずしも無意識の欲望や不安を確信させるわけではない。練習した身体の動きが瞬時にできて、無意識に身体が反応したと思っても、そこに無意識の欲望を読み取ることはないからだ。

そうした行為が反復された身体反応の場合、どのような場合にどう動くか（反応するか）、というような意味は、何度も繰り返したことで、身体に刷り込まれている可能性が高い。メルロ゠ポンティはこれを、身体に意味が沈殿している、という言い方で説明している。彼の言葉をかりれば、「身体が一つの新しい意味づけによって滲透されたとき、身体が一つの新しい意味の核を同化したとき、身体が了解した、習慣が獲得された、と言われるのである」（『知覚の現象学』[14]）。

要するに、ある行為が反復されたため、その行為、動きが「身についた」ということだが、こうした「習慣化した行為」にも、そこには何らかの欲望や不安が潜んでいる、と感じさせられる場合がある。たとえば、親に叱られる不安から、すぐに謝ってしまう、同調し、忖度してしまう、という行為が習慣化してしまう場合があるだろう。これも無意識として確信される「習慣化した行為」であり、その裏には何らかの欲望や不安がある。

精神分析における患者の行為化、転移なども、こうした現象の一つだと考えることができる。フロイトならば、それを防衛機制の反復として、あるいは超自我の命令によるものだと説明するだろう。そして、こうした無意識を確信させる反応、行為の中に、欲望や不安を読み取り、解釈するに違いない。

本質学の観点から言えば、これは過去における不安とその対処行動（防衛的な行動）が原因で、似たような状況でその行動が繰り返され、習慣化したのであり、そのような行為を促す自己ルールが形成されている、と考えることができる。つまり、フロイトの主張は証明し得ない仮説のようにも見えるが、本質的にはかなり妥当なものなのである。

以上のように、私たちは生理的な反応や感情、空想、習慣的な行為など、様々な身体現象からしばしば無意識の存在を確信しており、そこに欲望や不安を感じ取り、自己への理解を見直している。無論、身体反応によって確信された無意識の意味が、本当に身体に刷り込まれていた意味かどうか、厳密には確証することができない。しかしそれでも、無意識を確信させるような身体の反応に、過去の経験が織り込まれている可能性があることは否定できないはずである。

他者からの気づき

身体の現象はそこに無意識があることを感じさせるが、自分では気づけない場合も少なくない。しかし、誰かに自分の「習慣化した行為」や「自律神経反応」を指摘されたり、表情、態度などから自分でも気づかなかった気持ちに気づかされることはあるだろう。それは無意識だった感情として受け止められ、自己への理解が変わるきっかけになりやすい。

このような他者の指摘、態度、表情といった「他者の反応」が、自分では思いもよらなかった自分自身の気持ちを自覚させ、無意識の確信をもたらすことは、すでに述べたとおりである。

自分なりに理解していた自己像を変えることは、多かれ少なかれアイデンティティの不安をともなうため、多くの人にとって容易なことではない。自分にとって都合の悪い感情や性格、たとえば怨恨や不安、弱さなどが露呈するような内容であれば、なおさら受け容れがたいだろう。そのため、無意識の確信は生じにくい。というより、そもそも意識したくないから、無意識になっているのであり、だからこそ気になっても否定したり、無視してしまいやすいのだ。フロイトの言う「抵抗」とは、このような現象を指していると言ってよい。

しかし、私たちは自力で気づくことができない内容でも、他者の指摘によって、否が応でも気づかざるを得ない状況が生じる場合がある。言われてはじめて自分の隠された感情に気づき、「無意識だった」と思うのだ。ただし、それは誰の指摘でもいいわけではない。そこには他者との関係性が深く関わっている。

無意識を確信する場合、気づかなかった自分の感情や思考、性格を認めたり、無自覚だった欲望や不安を自覚する。それはどのような内容であったとしても、それまでの自己理解に疑念を投げかけるものであり、戸惑いが生じやすい。まして、強い不安や反道徳的な欲望だったり、臆病な自分、傲慢な自分を感じさせるような内容であれば、なおさら受け容れることには抵抗がある。そのため無意識の指摘をされた場合でも、相手の人間性を信頼していなければ、そしてその指摘が合理的で説得力のあるものでなければ、なかなか受け容れられるものではない。

いつも特定の女性と口論になる男性が、親友から「本当はあの娘が好きなんだろ」「素直になれ」と指摘されたとしよう。この場合、それが自分では思ってもみなかった指摘だとしても、言われてみると、確かに無意識のうちに好きになっていたのかもしれない、と思うだろう。それは相手が自分のことをよく理解している人物、決して自分には嘘をつかず、真剣に考えてくれている人物であるからだ。これが自分の嫌いな人物からの指摘なら、「何をバカなことを！」と思い、「お前に俺の何がわかる！」と怒りを感じるだけかもしれない。

あるいは、自分は自信過剰だと思っていたのに、尊敬する先生から「それは不安の裏返しだよ」と指摘され、「確かに不安があったのかも」と認めたとする。これも信頼できる人物からの指摘だからこそ、不安であることを認め、本当の自分は不安で自信がなかった、という自己理解に至るのだ。

相手が自分とあまり関係のない人であれば、その指摘はいい加減なものであるかもしれないし、相手が自分と仲の悪い人であれば、嘘をついている可能性もある。相手の指摘が合理的で説得力があり、それを判断する力と自己理解に対する公平性を持ち合わせていれば、相手が誰であろうとその指摘を受け入れる可能性はあるかもしれないが、普通、そう簡単には納得しないだろう。

したがって、他者の指摘する自分の不安や欲望を無意識として受け容れるのは、その相手が信頼できる場合が多いと言える。またそれは、相手の指摘だけでなく、表情や行為、態度によって気づく場合も少なくない。相手が傷つくことは言わないように本音を隠している場合でも、相手の表情や行為、態度から本音が透けて見えることもある。そのような場合、相手の表情や態度の中に自分の無意識的な部分への反応を読み取り、自らの無意識に気づかされるのである。

そう考えると、フロイトが抵抗の解釈において、適度な陽性転移があったほうがよいと主張しているのは妥当な見解と言える。陽性転移によって治療者への信頼、親和性が高まり、無意識の解釈を指摘された場合に、受け容れやすくなるのである。だが、もう一歩踏み込んで考察するなら、他者の指摘による無意識の確信が生じやすいのは、単に相手の言葉が信頼に足るから、というだけではなく、相手に認められたい、という承認欲求があるからだ。

信頼できる人、好きな人から自分の内面にある気持ち、欲望、不安を指摘された場合、その指摘を受け容れるか、少なくとも真剣に受け止めて対応しなければ、信用していないと疑われ、信頼関係が崩れてしまうかもしれない。やっぱり、この人には嫌われたくないし、認められたい、受け容れられたい。それにこの人なら、自分が指摘されているような弱い人間、不安が強く、変な人間であったとしても、受け容れてくれるはず。そう信じたい。大丈夫。――というような思いがあるからこそ、相手の指摘を受け容れ、無意識の確信と自己理解の刷新が起きるのだ。

すでに述べたように、人間は他者の承認を介して自己の存在価値を確かめようとしながら生きている。幼児は最初、親や友人など周囲の承認を求めているだけだが、やがてより多くの人に認められる人間でありたい、自分にそれだけの価値があると信じたい、という自己価値への欲望がめばえてくるのだ。私たちは承認欲求によって、他者に承認される自分、他者に愛される自分であるために、絶えず自己を吟味し続け、自己理解を刷新しながら生きている。無意識の確信は、そのきっかけを与えてくれる経験なのである。

自己了解は何をもたらすのか

「無意識だった」という確信がなぜ生じるのか、その理由について考えてきたが、こうした確信が生じる経験には「知らなかった自分に気づく」という共通点があった。この自己への気づきである「自己了解」こそ、まさに無意識の本質なのである。

自己了解とは、自分の本当の気持ち、欲望や関心、不安に気づくことであり、それは新たな自己像が意識されることでもある。自分の本当の気持ちに気づけば、それまでの自己理解（自己イメージ）が間違っていたこと、不十分なものであったことに気づかされる。「自分にはこんな欲望があったのか」「自分はこんな人間だったのか」といった自己了解（自己への気づき）が生じ、自己像、自己理解が刷新されるのだ。無意識の経験とは、こうした自己了解が起きることに他ならない。

ただし、気づかされた欲望や不安が以前から無意識の中にあった、ということではない。そうした欲望や不安が以前から存在していて、無意識の確信と同時に気づかされたように感じ、そうした自己了解から浮かび上がってくる自己像こそ「本当の自分」のように思えるかもしれない。しかし、以前からそうした無意識の欲望や不安があった、と思えたとしても、それは後から想定されたものに過ぎない。無意識は意識されない観念として存在していた、というよりも、そうした自己了解の後に想定された観念なのである。

そう考えると、無意識の確信と自己了解によって自己像を刷新したとしても、それは単なる独りよがりな思い込みである可能性もある。むしろ歪んだ自己理解を助長してしまい、自己不全感に陥ったり、対人関係に齟齬をもたらす場合もあるのではないだろうか？

なるほど、あまりに現実と食い違った自己理解をしていれば、心理的な悪影響は否めないだろう。しかし、たとえ自己了解された自己像が「本当の自分」ではないとしても、自分も周囲の人も納得し得るものであれば、それほど問題が生じるはずはないし、むしろ望ましい心理的効果が得られる可能性もある。なぜなら、その自己像に基づいた行為は周囲の承認も得られるし、その分、自分でも納得できる行為として感じられるからである。

職場で人一倍多くの仕事を受け持ち、同僚の頼みも断れず、残業、休日出勤を繰り返している人がいるとしよう。自分では他人の仕事も引き受けるのは当然で、自分がやらねばならない、人一倍働かなければだめだ、と思っている。だが、過労によって心身は疲弊し、限界が近づいていたとき、親友から「そんなに仕事をしていないと不安なの?」「もう少し休んでも、誰も文句は言わないよ」と言われ、ハッとさせられた。「確かに不安だったのかもしれない」「仕事を断ったり、休んだりすれば、何か言われるかもしれないと感じ、怖かったのだ」、そう考えたのである。

これは他者の指摘によって自己了解が生じ、無意識だった不安を自覚したのだと言える。

自分は誰かに批判され、認められないことを怖れていた。人一倍仕事をしなければ認めてもらえない、そう考えていたことに気づいたのだ。そして、こうした不安を無意識として確信し、自己了解が生じると、自分の取るべき行為の可能性が見えてくる。それは、仕事をセーブし、もう少し余裕をもって過ごす時間を増やす、という可能性である。自己了解は納得のできる行為の選択を可能にしてくれるのだ。

このように、人間は自己を了解しつつ、可能性をめがけて生きている。ハイデガーはそれを「了解のうちには、実存論的には、存在しうることとしての現存在の存在様式がひそんでいる」(『存在と時間』[15])という言い方で示している。現存在(人間)が自己を了解するということは、それによって自分のあり方や進むべき方向性、可能性が明らかになる、ということでもある。そして、この了解はまず気分の了解であり、「気分において現存在は、すべての認識や意欲以前に、また認識や意欲が開示する射程を越えて、おのれ自身に開示されている」(同前[16])。

たとえば、ワクワクした気分で仕事をしている自分に気がつけば、「自分はこの仕事が本当に好きなんだな」と了解し、その仕事をずっと続けていこうと思うだろう。逆に嫌な気分になっていることに気づけば、別の仕事に替える選択をするかもしれない。私たちは考える以前に、ある気分になってしまっているのであり、それは私の意志を超えて、私がどうしたいのかを示しているのだ。

こうした気分の了解、自己の了解によって、人はその都度どうすべきかを決めながら、自分自身の可能性に向かって生きている。自己了解によって、自分がどうしたいのか、どうすべきなのかを知り、それに応じて行動を選んでいる。そこに、自らの意志で選んだ行為、生き方である、という納得感があるなら、それは自由に生きているという実感をもたらしてくれるだろう。

しかし、他者の承認や愛情に強い不安を抱いている人は、なかなか自己了解ができないし、納得した行為を選ぶことができない。それは、自己了解が自分の考えや行動様式に修正を迫るため、従来の自分を否定するだけでなく、自分を変えることで他者の承認や愛情を失いはしないかと怖れるからである。だが逆に言えば、自分を変えても他者が承認してくれる、と実感できれば、それまで気づかなかった感情や新しい自己像も受け容れることができるはずだ。

先の例で言えば、「人一倍仕事をしなければ」という思いには、周囲に認められたい欲望、批判される不安があった。だから、どんなに疲れていても過度の仕事量を減らせない。しかし、親友にその欲望、不安を指摘されたとき、はじめて自らの無意識の不安を自覚することができた。それは、自分のやり方を変えれば認められない、という不安があるために、気づくことができなかったのだが、親友の優しい言い方、自分のことを真剣に考えてくれている眼差しから、この人はこんな自分でも受け容れ、認めてくれている、わかってくれている、と感じることができたのだ。他者の承認に対する不安から過剰に仕事をしていたが、この不安が親友の承認によって解消されたのであり、だからこそ自分を変える気持ちの準備が整い、自己了解が生じたのである。信頼できる他者の助けを借りれば自己了解も可能になる。ここに、精神分析という治療法が治癒の効果を有する原理があるのではないだろうか？

精神分析療法の本質

精神分析による治療の基本は無意識の解釈であり、患者に無意識を自覚させることにある。神経症の症状は抑圧された欲望がはけ口を求めて転化したものなので、症状を解釈してこの無意識の欲望を自覚させれば、症状に転化する必要がなくなり、神経症は治る、とフロイトは考えていた。

患者に横たわって自由連想をしてもらい、そこから分析家は無意識の欲望を推論する。だが、無意識の欲望は道徳心や自尊心に反するため、それを自覚することには無意識の抵抗が生じてしまう。もともと、この欲望と道徳心が葛藤した結果として抑圧が生じたのだから、意識しようとすれば抵抗が生じるのは当然である。そこで、こうした無意識の抵抗を分析し（自我分析）、解釈することで、患者に自覚させる必要がある。それによって、患者が無意識の抵抗を自覚すれば、抑圧されていた欲望を意識することにも抵抗がなくなり、この欲望に対する解釈（エス分析）を認めることも可能になる。こうして無意識の意識化が成功すれば、意識された領域が拡大して自我が強くなり、葛藤にも耐えられるようになり、神経症の症状は解消するのである。

では、なぜ無意識を解釈すれば、治療効果が現われるのだろうか？　自我が強くなる、とは何を意味するのだろうか？

この謎を解くためにこそ、私たちは現象学の方法である本質観取を行い、無意識の本質を考えてきたのだが、それもいまや自己了解であることがわかっている。精神分析における無意識の解釈の際も、患者が解釈を受け容れれば、つまり解釈された無意識を確信すれば、当然、自己了解が生じることになるだろう。患者が無意識の欲望や不安を自覚すれば、自分が本当はどうしたいのか、どうすべきなのか、よりよい方向性が見えてくる。不安への防衛反応である無意識の行為や身体反応に支配されず、納得のできる行為の選択が可能になるのだ。それはつまり、自由に生きる可能性が開かれる、ということを意味している。

言うまでもなく、患者はそれまでの自己理解に反する欲望や不安を簡単には受け容れられないため、無意識の抵抗が生じてくるだろう。それは、そうした欲望や不安を認めれば、欲望の葛藤による苦悩がよみがえるからだ。そこで、無意識の確信を生み出し、自己了解を促すような他者の存在が必要になる。それも信頼できる他者か親密な他者でなければならないし、当然、自己了解を促す他者の位置にいる分析家も、このような他者であることが求められる。

フロイトも治療者と患者の間に協力関係、信頼関係を築くことが不可欠だと考えていた。患者の弱い自我と治療者の自我が同盟を結び、協力することが必要であり、「このような（分析医と患者間に結ばれる）自我の同盟（治療契約）を基盤として、分析状況は成立する」（「精神分析学概説」[17]）。

またフロイトは、転移が治療に有効だと主張しているが、このことも彼が治療における関係感情を重視していたことを示している。彼の考えでは、憎悪が向けられる陰性転移は治療関係を壊してしまいかねないが、適度な愛情の陽性転移は治療者への信頼を生み、患者の抵抗を和らげ、本音を告白しやすくする。「実際、われわれは現実にこれに類似した事態におかれた時にはいつも次のように言うであろう。すなわち「僕は君の前でなら恥ずかしくない、僕は君にならなんでも話せる」と」(「転移の力動性について」[18])。

転移という現象が実際に過去の関係感情の投影と言えるかどうかはともかく、治療者と患者の関係が密接なものになりやすいのは事実であり、精神分析の治療を受ける時点で、すでに治療者を専門家としてある程度信頼し、協力関係を結んで治療に臨んでいる。その上、治療の回を重ねるにつれ、信頼感、親和性が増していくため、この治療者の言うことなら信用できる、この治療者に認められたい、という気持ちも生まれてくる。それによって、患者は無意識の解釈を受け容れ、自己了解が生じる可能性が高くなるのである。

このように、精神分析における無意識の解釈とは、他者の指摘から生じる自己了解、という無意識の本質から理解することができる。それは、自己了解によって自分の感情を知ることで、自分がどうしたいのかを理解し、納得できる行為の選択を可能にするのである。

欲望の葛藤の分析

実際の精神分析においては、自我分析とエス分析を交互に行う必要がある、とフロイトは述べているが、これはどのように考えればよいだろうか。

まず抵抗を分析しなければならないが、抵抗は不安への防衛反応として生じており、その防衛反応は幼児期における防衛反応、対処行為を繰り返している。そこで、過去に視点を移し、自我の無意識的な防衛のパターンを調べれば、自我の抵抗の理由がわかり、それを患者に伝えれば抵抗は次第になくなってくる。これが自我分析だ。抵抗が緩和されれば、自由連想は進展し、抑圧されていた無意識の欲望が明らかになる。これがエス分析。

この二つの分析を本質学の観点から見ると、「したい」という欲望の分析と、「しなければならない」という当為、義務感の分析であり、いわば「○○したい」けど「××しなければならない」という「欲望と当為の葛藤」の分析でもある。特に幼児期において、親の承認に関わる強い不安のもとで親の命令や要求を受け容れると、しばしば歪んだ自己ルールが形成され、不合理な当為（しなければならない）を生み出してしまう。こうした親の命令が内在化した自己ルールこそ、フロイトが超自我と呼んだものの内実であり、その自己ルールに応じた行為を繰り返してしまうのだ。それは不安に対する歪んだ対処行為、防衛反応であり、この防衛反応が無意識的な身体反応となる場合もあり、フロイトが防衛機制と呼んだのは、こうした現象に対する仮説である。

では、私たちはこのような「欲望と当為の葛藤」が生じたとき、どのようにしてこの状態を脱し、解決しているのだろうか？

私たちは「〜したい」という欲望を自己了解しているように、様々な「〜しなければならない」という当為を自己了解しながら生きている。だが当為の場合はその存在に気づいても、なぜそうしなければならないと感じるのか、その動機はなかなかすぐにはわからない。それは、動機となる欲望と不安が現在のものではなく、しばしば過去に由来するからだ。もっと言えば、過去における欲望と不安への反応が習慣化し、自己ルールとなって当為を生み出している。

したがって、「しなければならない」という当為の動機を知るためには、その自己ルールの由来を過去に遡って考えてみなければならない。特に承認を得るために形成された自己ルールは、親子関係が大きな影響力を持っているので、そこに焦点を当ててみる必要がある。

先ほどの、自分は他人の仕事も引き受けるのは当然で、人一倍働かなければだめだ、と思い込んでいる人の例を思い出してほしい。彼は膨大な仕事を引き受け、残業、休日出勤を繰り返していたが、そのために心身は疲弊し、抑うつ感さえ生じ始めていた。しかし、親友から「そんなに不安なの？」「もう少し休んでも、誰も文句は言わないよ」と指摘され、自分の不安に無意識だったこと、休みたい自分がいることに気づかされたのであった。

ただ、このような自己了解が生じたからといって、即座に「では仕事を休もう」とはならない。なぜなら、「休みたい」という気持ちを自覚しても、そう感じていることに罪悪感を抱き、「やはり仕事をしなければ」と感じてしまうからだ。他人に仕事を頼まれた場合も、嫌だと感じている自分が自覚できても、やはり断れない。その理由を考えてみると、多くの仕事をやることで認められたい、仕事を断って批判されるのが怖い、という承認欲求と不安があることに気づかされる。「もう少し休んでも、誰も文句は言わないよ」という親友の一言によって、自分が周囲に批判されることを怖れている、と自覚させられたのである。

では、なぜそれほど強い承認の不安を抱えているのだろうか？

この親友が彼の家庭の事情を理解し、幼少期のことを一緒に話していて、次のことが明らかになったとしよう。彼は幼い頃から厳しく育てられ、親に対して過度に気を遣い、親の期待するような人間になろうと努力し続けてきたのだ。また、親に「お前は人より能力が低いんだから、人一倍やらなきゃだめだ」と言われ、それに従っていたこともわかってきた。自己肯定感が低く、親に嫌われる、見捨てられる、という承認の不安があったため、親の望む自分でなければならない、と感じ続け、親の命令に従っているうちに、「人一倍働かねばならない」という自己ルールができてしまったのである。そしてこの承認不安と自己肯定感の低さゆえに、親との関係において作られた厳しい自己ルールは、やがて他の人間関係にも適用されるようになったに違いない。

歪んだ自己ルールは不合理で非現実的な思考や強迫的な行為を生みやすい。それはしばしば欲望との間に激しい葛藤を生み、不可解な苦しみの原因となる。特に自己価値の承認に関わる不安が原因となった当為、自己ルールは、激しい葛藤、深刻な苦悩をもたらしやすいのだ。しかし、その原因さえわかれば、歪んだ自己ルールを修正することができる。欲望と当為が自己了解できれば、不可解な欲望の葛藤にも終止符が打たれ、自分が望んでいる方向に歩を進めることができるだろう。

したがって、フロイトが自我分析とエス分析をその治療の根幹に据えたことは、きわめて妥当な考えだったと言える。

無意識の本質が自己了解だとすれば、自我分析は当為（しなければならない）の自己了解に焦点を当て、エス分析は欲望（したい）の自己了解に焦点を当てている、と考えることができるからだ。

初期の精神分析は無意識に抑圧された欲望の意識化（＝自己了解）のみを問題にしていたが、自我分析を導入した晩年の治療論では、自我の無意識的な防衛機制、超自我の分析に重点が置かれている。これは当為と防衛反応の自己了解、自己ルールの分析、自覚ということに他ならない。それは、人間性の本質を深く捉えた理論であり、フロイトの精神分析が本質的に優れた治療方法に到達した証と言えるかもしれない。

このように、欲望と当為の自己了解こそ、精神分析療法で起きていることの内実である。人間は相反する欲望を抱え、欲望の葛藤に悩まされる存在であり、それは欲望と当為の葛藤として顕在化する場合が少なくない。そこに不安が生じ、それを回避しようとする行動が生み出され、習慣化されてしまうと、自分の意志で行動を変えることが難しくなる。しかし、欲望と当為の葛藤を、そして不安への防衛的な態度、行動を自覚し、自己了解することができれば、再び自らの意志で行為を選択し、自由に生きる力を取り戻すことができる。

精神分析療法はこうした人間性の本質に基づいた治療法であり、自由に生きるための技法なのである。

註

（1）フロイトは自伝においてこう述べている。「催眠術はある力動関係をかくしてしまっていたのだが、いまやそれがあらわにされ、それがとらえられることによって理論には確かな根底があたえられることになったのである」（S・フロイト「自己を語る」『フロイト著作集4』懸田克躬他訳、人文書院、一九七〇年、四四〇頁）。
（2）S・フロイト「想起、反復、徹底操作」『フロイト著作集6』井村恒郎・小此木啓吾他訳、人文書院、一九七〇年、五二頁。
（3）S・フロイト「転移の力動性について」『フロイト著作集9』小此木啓吾訳、人文書院、一九八三年、七七頁。
（4）S・フロイト「精神分析療法の道」『フロイト著作集9』一三〇頁。
（5）H・コフート『自己の分析』水野信義・笠原嘉監訳、みすず書房、一九九四年、二七三頁。
（6）P・ハイマン「逆転移について」『対象関係論の基礎』松木邦裕監訳、新曜社、二〇〇三年、一八五頁。
（7）S・フロイト「分析医に対する分析治療上の注意」『フロイト著作集9』八二頁。
（8）S・フロイト「終りある分析と終りなき分析」『フロイト著作集6』三八七頁。
（9）同前、三九八頁。
（10）S・フロイト「精神分析学概説」『フロイト著作集9』一八二頁。
（11）S・フロイト「想起、反復、徹底操作」『フロイト著作集6』五七頁。
（12）精神分析、ユング派のような深層心理学的な治療法だけでなく、精神分析に批判的な心理療法も含め、無意識は心理臨床のキーワードになっている。それは治療原理を明らかにする鍵となるものだが、今日まで、ほとんどの学派はこの問題を問わないまま、治療効果さえあればエヴィデンスがあると考えてきた。しかし、この発想は効果のエヴィデンスと理論のエヴィデンスの混同から生じた誤解である。治療効果がある、というデータがあっても、治療の理論が正しいという根拠にはなり得ない。この問題を問うには、治療理論の本質を考える必要があり、その焦点になるのが無意識の概念なのである。
（13）山竹伸二『無意識の正体』河出書房新社、二〇二四年。
（14）M・メルロ゠ポンティ『知覚の現象学1』竹内芳郎・小木貞孝訳、みすず書房、一九六七年、二四六頁。
（15）M・ハイデガー『世界の名著74　ハイデガー』原佑・渡辺二郎訳、中央公論社、一九八〇年、二六四頁。
（16）同前、二五四頁。
（17）S・フロイト「精神分析学概説」『フロイト著作集9』一八〇頁。
（18）S・フロイト「転移の力動性について」『フロイト著作集9』七四頁。

第7章

人間とはどのような存在か？——解釈の妥当性をめぐる二つの視点

幻想としての無意識

無意識の現象学的考察、本質観取によって、いまや精神分析療法の本質、神経症の病理と治療の原理が明らかになったと言える。

日常生活において無意識を確信する経験は、「知らなかった自分に気づく」という自己了解が生じることであり、それによって自己像、自己理解が修正される経験でもある。それはつまり、人間が自己への理解を刷新しながら、より納得のできる行為の可能性をめがけ、自由に生きようとしている、ということを意味する。

しかし、何らかの原因で強い不安が生じると、私たちは混乱したり、不適切な対処行為を「しなければならない」と感じ、「したい」行為を過度に抑制する。そのうち、欲望の葛藤も、何がしたいのかもわからなくなり、うまく自己了解ができなくなる。精神分析はこうした無意識の行為、欲望を解釈することで、患者に自己了解を促し、欲望と不安、葛藤の理由を意識させ、自らの意志で行為を決定できるように援助する。

ただ、ここで疑問が浮かんでくる人は少なくないだろう。それは、こうした無意識の解釈が正しいという保証はあるのか、その正しさを確かめる術はあるのか、という疑問である。

分析家と患者の間に成立する二者関係は、親子関係や恋愛関係、友人関係に見られるような、尊敬や愛情の含まれた信頼関係や親密な関係になりやすく、それゆえ患者は無意識の確信と自己了解が生じやすい。ただそれは、分析家の承認を求めているからでもあるため、無意識の解釈が間違っていても信じてしまう可能性がある。濃密な二者関係における自己了解は、相互の思い込み、幻想が反映されやすく、誤った自己理解に至る可能性も少なくないのだ。

したがって、分析家によって無意識の解釈が異なることはあり得るし、分析家と患者の関係性によっても解釈が異なってくる可能性はある。特にフロイト以後の精神分析は、自我心理学、対象関係論、自己心理学、ラカン派など、多様な学派に分かれ、理論も複雑化しているため、異なる解釈になりやすいだろう。

これは精神分析だけの問題ではない。なぜなら、治療者と患者の二者関係において、患者に無意識的な部分を気づかせ、患者を正しい自己理解に導く、という心理療法は他にもたくさんあるからだ。たとえば、ある患者の無意識を、精神分析家が「幼児期の性愛願望」として解釈した場合でも、個人心理学（アドラー派）の治療者なら「優越性への欲求」の問題として説明するだろうし、分析心理学（ユング派）の治療者なら、集合的無意識における「元型」の問題を話し始めるかもしれない。それぞれの心理療法は独自の理論、人間論を持っているため、それに応じて無意識の解釈も異なってくるだろう。

長年にわたって様々な心理療法の効果を調べた研究（ランダム化比較試験による効果研究）においては、各学派の技法に治療効果の差は出ていない。少なくとも、代表的で一定の信頼を得ている心理療法であれば、どれで直しても同じような効果が得られる、というデータがあるのだ。とすれば、同じ患者に対する無意識の捉え方に違いがあっても、さほど問題はないのかもしれない。

また、フロイト自身は、間違った解釈はスルーされるだけなので、効果はないが害もない、と主張しているが、はたして本当にそうなのだろうか？
そもそも「無意識だった」と感じる経験においても、それはあくまで確信されるだけで、実際に無意識の観念が存在していた、とまでは言えない。以前からあったように思えても、確証はできないのだ。それでも無意識の解釈が信じられ、一定の治療効果が生じている。それも、無意識の解釈に違いがあっても、さほど効果に差がないとすれば、解釈の正しさよりも重要なのは、無意識の解釈を信じることなのではないか、と思えてくる。

自己心理学（コフート派）のストロロウ、ブランチャフ、アトウッドの共著『間主観的アプローチ』によれば、「精神分析的に知り得るのは、主観的現実——患者のそれと治療者のそれ、そして、両者の相互作用によって創造され、絶えず変遷しながら展開を続ける間主観的な場——である[1]」。無意識の解釈は客観的現実ではなく、患者と治療者によって構成されたもの（間主観的な現実）であり、それは治療者の共感的態度によって可能になる。要するに、正しい無意識の解釈など存在せず、分析家と患者の間で浮上してきた物語が、無意識の現実として構成されるのであり、それは共感を介して、二人の間で真実として信じられるのだ。

こうした他者関係の間で現実が構成される、という考え方は、哲学、思想の領域では構成主義、あるいは社会構築主義と呼ばれている。現代精神分析においては、無意識は治療の場で構成されたものであり、正しい無意識の解釈など存在しない、という考え方が強くなっているのだ。

実はこうした構成主義の考え方は、精神分析以外の心理療法にも広まりつつあり、近年では大きな影響力を持っている。典型的なのはナラティヴ・セラピーだが、それはセラピストとクライエントの間で構成される物語に焦点を当てており、物語の真実性は保留にされている。同じことは、コミュニケーション派の家族療法やオープンダイアローグにも言えるだろう。

これらの分析家やセラピストたちは、無意識を実体化したり、無意識の真実に固執したりするのではなく、それでいて「無意識の真実など存在しないし、考えても仕方がない」とニヒリスティックな主張に終始しているわけでもない。彼らの多くは、どのように無意識が解釈されようと患者が納得して治ればそれでよい、と考えている。だが、なぜ無意識を治療者と患者が共同で確信することが治療効果を生み出すのかについては、あまり明確にしていない。

しかし、無意識の本質から考えれば、その原理は次のように言うことができる。

治療者が無意識の真実があることを信じていようと、無意識を構成された物語として自覚していようと、患者と治療者の主観的な解釈が交差すると、相互の幻想が重なり合って物語が構成され、それは無意識になっていた真実として受け止められる。その内実は他者との関係性を媒介にした自己了解であり、そこでは信頼できる他者の承認を得ている安心感がある。それによって自己と向き合うことができるのであり、知らなかった自己への気づき、自己理解の刷新が生じ得る。それは納得のいく判断、自由な行為を可能にするだろう。だからこそ治療効果が期待できるのだ。

こうした、治療者との関係における自己了解は、精神分析以外の多くの心理療法にも共通して生じている。無意識の解釈に重点を置いていないような心理療法もそれは同じだ。たとえば、ロジャーズの来談者中心療法では、セラピストは自己への（感情の）気づきを促し、真の自己（「本当の自分」）の発見を目指しているし、認知行動療法においても歪んだ認知、行動への気づきから、その修正を目指している。このように、多くの心理療法は患者が自己の知られざる部分に気づき（自己了解）、そこから自己理解や認知、行動の歪みを修正しようとしているのだ。

人間はいつでも単独で自己了解できるわけではなく、他者との対話の中で自己了解を繰り返しながら生きている存在だ。親しい友人、恋人、家族など、親密で信頼のできる人の指摘や態度によって、自分の欲望や不安に気づかされるとき、私たちは「本当の自分」を見つけたように感じられ、自己像を刷新する。それは誰もが日常的に経験している人間の存在本質であるからこそ、心理療法にも応用することができる。

多くの心理療法が、一見、異なる理論、技法のように見えて、その内実は「治療者と患者の関係性に基づく自己了解」になっている点で共通しているのは、こうした人間性の、そして人間関係の本質に基づいているからだ。そしてフロイトこそ、こうした原理を持った心理療法のパイオニアだったのである。

解釈に普遍性はあるのか？

私たちは、強い不安や行き詰まった状況に遭遇したとき、なかなか自分一人では自己了解できないものだ。特に心を病んでいる患者の場合、不安があるために、それを回避しようとする歪んだ行動も変えることができない。しかし、治療者と患者が信頼し合っていれば、共感も生じやすく、そこで解釈される患者の気持ち、物語の信憑性は高くなる。それゆえ患者はその感情、物語を無意識として受け入れ、自己了解が生じることになるのだ。それによって、従来の自己イメージ、行動を見直し、納得のいく行動、生き方を選択できるようになる。
それが精神分析だけでなく、多くの心理療法に共通する原理、本質であることは間違いないだろう。感情への気づき、真の自己への理解を重視した来談者中心療法も、認知の歪みの自覚、認知・行動の修正を重視する認知行動療法も、基本的には「自己の気づかなかった部分」に気づく（＝自己了解）、ということを土台に据えている。同様に、この「自己の気づかなかった部分」を「無意識」と呼び、その解釈を重視したのが精神分析である。

フロイト自身は治療における無意識の解釈について、その本質を関係性に基づく自己了解として捉えていたわけではない。それはフロイト以後に登場した他の心理的治療者たちも同じである。ユング派、アドラー派、クライン派など、さまざまな学派が多様な無意識の解釈を試みてきたが、そのほとんどは無意識の実在性を前提にして、無意識の解釈を真実の発掘作業として考えていた。そのため、ホーナイやユングのように、無意識の解釈によって生じる自己了解を、「真の自己」（本当の自分）の発見として捉える治療者も多かった。

しかし近年では構成主義の影響もあり、無意識の真実性はさほど重要ではない、と主張する研究者、臨床家は少なくない。彼らの考えでは、無意識の真実など存在しないし、それでも構わないというのだ。なるほど、治療者と患者の関係が良好で信頼できるものであれば自己了解は生じ得るし、それは自分を変えるきっかけになるだろう。先にも述べたように、解釈された無意識、自己理解は、絶対に正しいという保証はないのだが、解釈に違いはあっても一定の治療効果は期待できる。

そうは言っても、どのような無意識の解釈でも構わない、とまでは言えないはずだ。精神分析における無意識の解釈は、治療者と患者が濃密な二者関係であるがゆえに、相互の主観が強く反映されやすい。そのような幻想を含んだ自己理解は、周囲から見た自己像との間にズレを生み、人間関係に問題を生み出す可能性がある。

また、信頼できる他者の指摘と言っても、その指摘に先入観や誤解が含まれていれば、指摘された人間の自己理解や自己ルールも一般性のない歪んだものに修正されてしまうだろう。すると、その自己理解や自己ルールに準じた行為も他者に承認されないかもしれない。極端な例を言えば、前世や霊の存在を前提にするような解釈は、それを信じる人にとっては一時的に一定の効果があるかもしれないが、そうした霊言に基づく行為は自分を疲弊させるものであったり、周囲の人たちとの関係を壊してしまう危険性もある。

したがって、いくら絶対に正しい解釈は存在しないと言っても、やはり多くの人と共通了解できるような無意識の解釈が望ましいことは間違いないだろう。

精神分析家のドナルド・スペンスも、「無意識」の実在性を実証することは不可能だが、メタファーとしては治療に役立つ、と述べている。(2) この点は構成主義の分析家と同意見だが、無意識の解釈が何であっても構わない、というような相対主義の考え方には否定的である。どんな無意識の解釈でも構わない、ということになれば、分析家の独断を患者が妄信してもよい、ということになってしまい、そこに悪影響が生じる可能性は否めないからだ。その意味で、スペンスの主張は構成主義の精神分析、心理療法の問題点を鋭く突いている。

ではどうすべきなのか、という点については、ハーバーマスの哲学を援用しつつ、解釈の真実性は対話による意見の一致によってもたらされるべきだ、とスペンスは述べている。

なるほど、絶対に正しい解釈が存在しないとしても、どんな解釈でもよいわけではなく、多くの人が納得し、共通了解できるような解釈が望ましいことは否めない。その意味で、治療者と患者の二人だけの共通了解ではなく、多くの人々の共通了解、意見の一致を求めるべきだ、というスペンスの考えには説得力がある。しかし、対話による意見の一致が必要といっても、一体どのようにして対話を行い、意見の一致（解釈の一般性）を求めればよいのだろうか？

私の考えでは、無意識の解釈が妥当なものか否かを検証するには、次の二つの視点が必要であるように思える。

一つは、一般的な人々の身になって解釈の妥当性を考える「一般的他者の視点」。これは、個人的な先入観を排し、多様な他者の身になって考えることで、誰もが納得し得るような解釈か否かを検証することができる。スペンスの言うように、多様な他者の意見の一致が重要でも、実際に多くの人たちで対話して検証するのは非現実的であり、たとえそれが集団療法的な形で可能であったとしても、各々が自分の個人的見解を出し合うだけでは、意見の一致は困難である。そのため、こうした一般的他者の視点による検証が有効だと考える。

もう一つは、解釈の枠組みとなっている人間理解について、それが人間性の本質に基づく理論か否かを考える視点である。無意識の解釈は精神分析およびその他の心理療法の諸学派によって、その土台となる人間論が異なっており、それは解釈に大きな影響を及ぼさざるを得ない。したがって、その人間論が妥当なものか否かは、あらかじめ検証しておく必要がある。

以上の二つの視点について、以下、もう少し考察を進めてみることにしよう。

一般的他者の視点から解釈を検証する

治療者と患者の間に生じる無意識の確信は、相互主観的に構成されたものであり、二者関係であるがゆえの幻想性を含んでいる可能性がある。そのため、この確信によって生じた自己像、自己物語の妥当性について、他の人々も共通して了解し得るような内容か否か、考えてみる必要がある。スペンスならば、多くの人と対話して意見の一致（共通了解）を求めるべきだ、と主張するかもしれないが、秘密の守られる二者関係だからこそ成り立つ精神分析、心理臨床の現場において、それはあまり現実的ではない。もちろん可能であれば、患者は治療において確信した無意識、自己像について、信頼できそうな身近な人々の意見を聞いてみる、というのは一つの選択肢ではあるかもしれない。しかしそれ以前に、まずそれが妥当な解釈か否か、治療者と患者の間で、いま一度、一般的他者の視点から検討してみる必要があるのではないだろうか。

すでにエディプス・コンプレックス理論の本質を検討した際に、それが第三者の視点、一般的他者の視点の獲得に関わっていることを示したが、このフロイトの理論を治療に応用することが可能なのではないか、と私は考えている。

幼い子供は最初、母親との二者関係を中心に生きており、母親との約束（ルール）や価値判断に一般性は考慮されていない。二人の主観、幻想が色濃く反映された相互主観的な物語を生きている、と言ってもいいだろう。しかし、やがて父親という第三者が意識され、母子の二者間のルール、価値について、父親がどう判断するのか、という第三者の視点が導入される。

その際、重要になるのが、母親の語る父親である。幼児は大好きな母親が父親を重視するからこそ、その存在を重く受け止める。「お父さんが言っているから」「お父さんに叱られるよ」という母親の言葉は、父親を軽んじるべきではない、父親はいつも自分が正しいかどうか見ている、という意識を幼児の中にもたらすだろう。そして、父親は社会の一般的なルールや価値観、一般的他者を代弁する存在として、子供を二者関係から三者関係（社会的関係）の世界へ導く役割を担っている。こうして第三者の視点が獲得されることになり、それは成長するにしたがって、一般的他者の視点になるのだ。

しかし親子関係に問題があれば、第三者の視点を獲得することができないかもしれない。親が子供の心を支配し、他人の意見を軽視する態度を見せていれば、あるいは子供に信頼と安心を与えることができなければ、子供は親の視線ばかり気にして、親の考えに支配され、第三者を気にする余裕を持てないのだ。

また、親子関係に問題がなく、第三者の視点をある程度持てるようになったとしても、一般的他者の視点にまで成熟するとはかぎらないし、歪な人間関係やトラウマ的な出来事によって、強い不安を感じるようになれば、冷静に自分を見つめることができず、第三者の視点さえ見失ってしまうかもしれない。精神分析、心理療法を受けようとする患者は、特にその傾向が強いように思える。

したがって、心理的な問題を抱えた患者に対して、一般的他者の視点（一般的な人々の身になって考えること）をいきなり求めることはできない。治療者が協力して、一緒に一般的他者の視点から考えることが必要になるのだ。

ラカンと「大文字の他者」

精神分析は二者関係の中で自己了解を促しているので、そこで確信される無意識は治療者と患者の主観を含んだ自己像であり、相互主観的に構成された自己物語になっているのだが、その無意識を一般的他者の視点で再検討する、というような作業は行っていない。ただ、この点について、興味深い見解をしている分析家に、ジャック・ラカンがいる。

ラカンによれば、転移とは患者が分析家を「知っていると想定された主体」と見なすことであり、治療が進展すると、患者は分析家に対して強い信頼と親和的感情を抱くようになり、「治療者はすべてを知っている」と思い込み、分析家の解釈を容易に受け容れるようになる。分析家の解釈を信じ、その言葉に従うようになるのだ。親の代わりに、分析家という新たな他者の欲望に従うことで認められようとする、と言ってもいいだろう。

分析家の欲望に従うことは、他者の欲望に支配された状態であり、親の欲望に支配されていた状態と変わらないため、患者の欲望は抑圧されたままである。これは二者関係（ラカンの用語では想像的関係）において起きやすい問題であり、その起源は幼児期の母子関係にある。

幼い子供は母親に愛され、認められるために、母親の要求や期待、ルールに従うが、二者関係のルールは流動的で歪んだものになりやすい。しかし、父親という第三者が関わることで一般性のあるルール（社会の秩序）が意識され、それを基準に母子関係のルールは見直される。[3] 父親は一般的な人々の代弁者であり、そうした一般的他者が信じている社会の価値観やルールを子供に意識させるのだ。それによって、子供は判断の基準を母親ではなく、社会的な規範、秩序に移し、母親の欲望（期待、要求）から解放されて、自らの道を見出していくことになる。

これと同じように、精神分析では分析家が父のはたすべき役割を代替し、患者に社会の秩序、価値観、一般的他者を意識させるように応答しなければならない。すると、患者の語る内容は分析家の解釈を介して他者一般の秩序（「大文字の他者」）の中で照合され、母子関係において信じられていた価値やルールの歪みも自覚される、というわけだ。

しかし、分析家が「知っていると想定された主体」として全知の存在とみなされれば、患者は分析家の言葉を容易に信じてしまうだろう。実際、こうした状況に従来の精神分析は陥っている、とラカンは批判している。対象関係論では治療者と患者の二者関係が重視されており、自我心理学も分析家の影響力が強すぎる。どちらも想像的関係（閉鎖的な二者関係）に陥っており、第三者を意識させる観点が欠けている、というわけだ。[4]

このように、フロイト以後の精神分析における二つの主流派（自我心理学、対象関係論）に対して、ラカンは痛烈に批判し、「フロイトへ帰れ！」と主張し続けていた。[5] 一方、フロイトは母子の二者関係から父を含んだ三者関係（社会的関係）への移行を重視してはいたが、患者に第三者を意識させるような技法を使ったかと言えば、彼の症例にそうしたものは見当たらない。そこで、第三者を意識させ、一般的他者の視点を応用する観点からフロイトの治療法を見直してみると、次のように考えることができる。

まず、患者は強い不安を抱いており、不安による防衛反応、習慣化した行動に囚われている。そのため、自己像や自己ルールの歪みに無自覚なまま、それに沿った行為を繰り返している。しかし、信頼できる治療者との関係の中で不安が緩和され、自分の思いを聞いてもらったり、共感的に対話をしていると、自分の気持ちに気づかされる。無意識だった（自覚していなかった）という確信と同時に、自己了解が生じてくるのだ。

しかし、そこで確信された無意識が妥当なものか否かはわからない。患者は不安が強いため、第三者の視点はあまりなく、治療者の言葉を信じやすいからだ。しかし、治療者との信頼関係によって不安が緩和され、それまでの自己像、自己ルールが揺らいだことで、従来の自己理解を見直し、自分を変える準備は整ったと言える。執着していた自己像、自己ルールから抜け出し、それらを修正する可能性が開かれたのだ。

そこで治療者は最初の解釈にこだわるのではなく、患者が自ら考え、納得できる自己理解を目指して、共に考え、さらに対話を深めていく。第三者（一般的他者）を意識させつつ、最初に確信された無意識の内容、自己理解について、もう一度検討してみるのである。

このように、精神分析の面接室で紡がれる物語は二者関係における幻想を含んでいるが、その後、患者は治療者と共に外の社会や第三者を意識することで、その物語は外の世界の人々とも共通了解できる可能性が開かれる。最初に治療者と共有された無意識の内容は、たとえ真実ではないとしても、従来の自己理解に疑問をもたらし、自己の解明に向かう大きな一歩と言える。ただ、構成主義の精神分析のようにそこに留まっていては、治療者の考えに引きずられたままである。したがって、絶対に正しい無意識の解釈がないとしても、治療者以外の人々とも共通了解できるか否か、一般的他者の視点から、自分自身で納得できるまで考える必要がある。

これが無意識の解釈の妥当性を問い、解釈の一般性を検証する上で必要な最初の視点であり、一般的な人々の身になって解釈の妥当性を考える「一般的他者の視点」である。

一般的他者の視点の形成

すでに述べたように、エディプス・コンプレックス理論によれば、第三者の視点が獲得されるには、母親と子供の二者関係に第三者としての父親が介入する必要がある。その際、母親が外の世界を共に見つめ、共に考えるという安心感が不可欠になるのだが、特に父親という第三者について語り、子供に社会の秩序やルールの存在を意識させることが重要になってくる。これによって、子供は二者関係の閉鎖的な世界から脱け出し、第三者を含む社会的な関係の世界へと歩み始めることができる。これがエディプス・コンプレックスの本質であった。

このプロセスを本質学の観点からもう少し具体的に説明すると、次のようになるだろう。

子供は最初、母親との親和的な二者関係のなかで自己像を形成し、母親の承認をとおして自己の存在価値を求めるようになる。そして母親の言動から自己価値を判断するのだが、やがて第三者を意識しはじめ、他の人々の判断や価値評価も気にするようになる。そして次第に一般的な他の人々の観点（一般的他者の視点）から自己価値を見直すようになるのだ。そのためには、母親が自分の主張に固執せず、第三者の意見に寛容でなければならない。母親は、自分の要求は自分勝手なものでなく、父親の要求でもあり、さらには社会の要求でもあることを示唆し、子供が社会的な規範、文化に沿ったふるまいができるように導いている。そうすることで、子供に第三者の視点を、さらには「みんなはどう思うか」という一般的他者の視点を持つように促し、社会に承認されることを願っているのだ。

現代社会では両親の役割も変化し、父親の役割は必ずしも一般的他者を代弁する第三者のポジションで社会に導くこととは一概に言えないかもしれない。ただ、母親であれ父親であれ、身近な養育者が親密な二者関係を形成し、第三者を意識させ、一般的他者の視点を持つように促す、という関係の構造に変わりはない。そのため、養育者が幼児との間に信頼と親密な関係を築けなければ、あるいは濃密な二者関係から脱け出せず、第三者を示唆することができなければ、一般的他者の視点を持つことはできないだろう。

人間は自己価値への承認を求めるかぎり、社会のルールや価値観を無視することはできない。自分勝手な自己理解や歪んだ自己像を一般的他者の視点によって吟味し、修正するのは、社会において対人関係の齟齬を最小限に抑え、自己価値の承認を得るためでもある。それに、この視点から自己価値の一般性を見定める力を身につければ、身近な人々の評価にふりまわされることも減り、自分の行為の価値を信じられるようになる。「いまは周囲の人間に理解されなくとも、いつかどこかで必ず承認されるだけの価値はある」と確信できるのだ。

無論、誰もがこのような視点を手に入れられるわけではない。一般的他者の視点がなければ、自己像、自己理解を公平に見直すことができないため、他者から見た自分との間に齟齬が生じ、対人関係に支障をきたしてしまうかもしれない。それどころか、他者の気持ちが理解できず、独善的になってしまう場合もあるだろう。それでも、友人や恋人、家族など、信頼できる他者との対話によって、一般的他者の視点を獲得することは決して不可能なことではない。信頼できる他者と共に自己理解や価値判断の一般性を見つめなおし、この視点を得ることもできるはずだ。

私たちは他者との関係や一般的他者の視点から、絶えず自己理解を見直し、自己像を刷新しながら生きている。こうした視点が弱く、独力で自己理解することが難しい場合は、信頼できる他者との間で自己了解することができるし、そうして得た自己像を、他者と共に一般的他者を想像し、見直すこともできる。相手が客観的に物事を考え、一般的他者の視点を持った人物であれば、こうした自己理解の検証はさらにスムーズに進むだろう。

そうやって、私たち人間は自己像の妥当性を吟味し、自己理解を深めることで、生きづらさを乗り越えようとしているのである。

心理療法の多様な人間像

一般的な人々の身になって考える一般的他者の視点は、誰もが適切な環境、人間関係の中で育てば、ある程度は身についていくものであり、それは一般的な人間理解として妥当なものである。精神分析において一般的他者の視点で無意識を見直すことは、こうした人間理解に基づいている。

このことだけではなく、無意識の妥当性を検討するには、他にも欲望の葛藤や不安など、人間性の本質的な理解が欠かせない。適切な人間理解ができていなければ、無意識の解釈の妥当性も検証することはできないだろう。

精神分析だけでなく、心理療法はそれぞれ一定の人間理解に基づいている。

たとえば、欧米の社会では自立した人間を健全で自由な存在と見なす伝統があり、心理療法においても、「自立」を治癒の一つの指標としているセラピストは少なくない。他者に依存しない、甘えない強い人間を、健康な人間の理想像とするなら、そうした人間になることが治療目標になるかもしれない。だが現実は、多くの人が心を病んでいなくとも、時として他者に甘え、頼りにしながら生きているし、誰かに頼られたときは助けたりもするだろう。それが自然で、むしろ他人を頼れないほうが問題なのかもしれない。そう考えると、当然、心の治療目標も違ってくる。[6]

また、人間は何を求める存在なのか、という欲望についても心理療法の各学派によって異なっており、それに応じて治療目標や技法も異なっている。

いくつか例を挙げると、まずアドラーはフロイトが性的欲望を重視したことを批判した上で、「優越性への欲求」を重視し、他者より優れていることを人間は求めているのだと主張している。過度な劣等感（劣等コンプレックス）は神経症の原因となるのだが、単に優越感が満たされれば治る、というわけではない。自己中心的な優越感の根底には病的な劣等感があり、優越性への欲求が健全な形で満たされるためには、自己中心性を脱して社会的な要求を受け容れ、社会に役立つことで他者に認められる必要がある。他者と認め合い、共に生きようとする感覚（共同体感覚）を取り戻すことこそ、劣等感を補うのであり、アドラー心理学ではそれが目標となる[7]。

一方、ユングによれば、フロイトとアドラーは社会適応を目標にしているが、社会への過剰な適応は個性を抑圧してしまい、苦悩をもたらすことになる。そのような場合には、個性を取り戻すこと、すなわち「個性化」が治療目標となるのであり、「個性化とは個性ある存在になることであり、個性ということばが私たちの内奥の究極的で何ものにも代えがたいユニークさを指すとすれば、自分自身の自己になることである」（『自我と無意識[8]』）。

ユングは個性化を「自己実現」とも呼んでいるが、来談者中心療法を創始したカール・ロジャーズもこう語っている。「成長の傾向、自己実現への欲求、あるいは前進していく傾向、といったどんな言葉で呼ぼうと、それは生命というものの根本的な動機である。最終的にすべての心理療法が頼りにしているのはこの傾向なのである」（『ロジャーズが語る自己実現の道[9]』）。

ただ、ユングの自己実現が集合的無意識からの働きかけを含むものであるのに対し、ロジャーズの主張する自己実現は、無自覚だった感情に気づき、自己理解を深めることに焦点が当てられており、これはフォーカシングやゲシュタルト療法など、ヒューマニスティック・アプローチと呼ばれる各種のセラピーにも同じことが言える。

これに対してフランクルは、自己実現を治療目標に据えることはできない、と主張している。彼の考えでは、人間の最も重要な欲望は「意味への意志」であり、「意味を充足し、そして価値を実現するその程度に応じてのみわれわれはわれわれ自身をも充足し、そして実現する」（『精神医学的人間像[10]』）。人間は性欲や優越性への欲求よりも、まず意味と価値を求める存在であり、自己実現はこの欲望を満たしたとき、結果として達成できるだけなのだ。

このように、心理療法の根底にある人間像、人間理解は多様であり、それに応じて治療目標や方向性も異なっている。精神分析の登場以後、様々な心理療法が生まれ、長きにわたって理論対立を繰り返してきたのは、そこに原因がある。人間理解の違いは、治療目標や方法にも反映され、結果的に心理療法は学派によって異なった理論、技法を標榜し、対立を深めてきたのである。

しかし、近年では各心理療法の間の理論対立は緩和され、折衷、統合の動きが顕著になっている。心理療法の学派にこだわらず、精神疾患の症状に応じて技法を使い分ける、あるいは複合的に組み合わせる、といった実践が多くなっている。それは望ましい動向とも言えるのだが、心理療法の土台となるべき人間理解は共有されていない。

人間はそれぞれ固有な存在であり、統一的な人間像を決めつけるのは、むしろ危険である、という見方もあるかもしれない。同じ人間はいないのだし、心理的治療において重要なのは、治るかどうか、治療効果があるのか否かのみである、と主張する人もいるだろう。だが、症状の除去、苦悩の緩和を当面の治療目標にするとしても、人間は何を怖れ、そして何を求めているのか、という人間性の本質がわからなければ心理的な治療の方向性もはっきりしないのではないだろうか。

私の考えでは、各心理療法の学派はそれぞれ独自な人間像を持っていたし、人間理解は欠かせないものであった。アドラー、ユング、ロジャーズ、フランクルといった心理療法の創始者たちも、まず人間性の本質を探究し、そこから治療の可能性を求めていたのだ。しかし各々の人間像は本質的には優れた一面を持ちながらも、人間とはかくあるべき、という理想像や仮説を含んでおり、十分ではなかったように見える。では、フロイトの人間理解はどうなのだろうか？

フロイトの人間理解

一見すると、フロイトの解釈は性的問題に還元しがちな傾向が強く、共通了解可能な一般性がないように見える。事実、フロイトの人間理解は性欲重視に偏っており、汎性欲論という批判を受けてきた。幼児性欲、エディプス・コンプレックス、去勢不安、リビドー論も証明することはできないし、荒唐無稽な仮説と見做す研究者、精神科医も少なくない。

しかし本質学の観点からみると、フロイト理論には人間性の本質を鋭く捉えている面があり、特に重要なのは「欲望の葛藤」と「不安への防衛」という観点である。

私たち人間は複数の矛盾する欲望を抱えた存在であり、それゆえ絶えず欲望の葛藤に悩みながらも、その都度、自分がより納得できるほうの欲望を選択しながら生きている。このことを早くから指摘していたヘーゲルは、どの欲望を選ぶべきか、という決定の場面でこそ自由な意志が働くのだと主張し、こう述べている。

もろもろの衝動に関係する反省は、これらの衝動を表象し、見積もり、これらの衝動をたがいに比較する。つぎにこの反省はまた、これらの衝動をその充足のいろいろの手段や結果などと比較し、そして満足の一全体——幸福——と比較する。それゆえ、反省は、このような素材に形式的な普遍性をもたらし、こういう外面的な仕方で、この素材の生で野蛮な状態を純化する。（『法の哲学』[11]）

人間は様々な欲望、衝動を比較し、何が最も満足できるのか、何が幸福をもたらすのかを考え、その上で、優先すべき欲望を選択する。衝動に流された恣意的な選択ではなく、より普遍的なものを選択できることこそ自由なのだ。たとえば「遊びたい」と感じても、「認められたい」という欲望を優先するなら、遊ばずに勉強するだろう。遊びたいから遊ぶ、というような衝動に流されることが自由ではなく、自分で考え、納得して行動を選ぶところにこそ自由な意志は存在する。

このヘーゲルの主張は自由の本質を鋭く捉えていると同時に、欲望の葛藤に悩みながらも自分の意志で行為を選び取る、という人間性の本質を見事に示している。

フロイトも治療経験における患者の考察から、人間が複数の欲望を持ち、葛藤する存在であることに着目していた。彼が特に問題にしたのは、性欲と道徳心の葛藤であり、道徳心は「正しい人間でありたい」「批判されたくない」といった自己価値の欲望、承認欲求が根底にある。

たとえば、既婚者への恋愛感情や性愛願望があったとしても、その願望にしたがって行動することは道徳心が許さないはずであり、そこには性愛願望と道徳心の葛藤がある。そしてこの道徳心の根底には、他者に非難されたくない、他者に認められる人間でありたい、という自我の承認欲求がある。性愛願望と承認欲求、この二つの欲望が葛藤するからこそ、悩み、苦しみが生じ、その中でどちらを選ぶべきなのか決断を迫られる。

このような葛藤を十分に自覚していれば、より自分にとって望ましい方を選ぶことができる。

大抵は他者に非難されない方を選ぶはずだが、それは自分の意志で選んだ自由な決断と言える。しかし、こうした欲望の葛藤が自覚できないまま、行動が一定の方向に衝き動かされるとしたら、そこに自由な意志は存在せず、無意識の行動となるだろう。フロイトが着目したのは、まさにこの「無意識」という点である。

このような無意識の原因を、フロイトは「不安への防衛」だと考えていた。欲望の葛藤において、簡単にどちらかを選ぶことができないほど、激しい欲望があったとすれば、それは大きな不安を生み、耐え難い苦悩と化すだろう。たとえば、許されざる性愛願望が強くとも、それに従えば周囲の非難は免れない、という不安があれば、その性愛願望は抑圧され、無意識となる。これは欲望を自覚しないことで不安を解消したのであり、不安に対する防衛反応と言ってよい。だが、このように無自覚であることは自由の喪失につながり、新たな苦しみの温床となる。

しかもフロイトは、深刻な苦悩を生み出す欲望の葛藤の根底には、無意識の行為を生み出す「身体化されたルール」があることも認識していた。

フロイトによれば、性欲と葛藤する道徳心は「超自我」という道徳規範から生じている。それは幼児期に親から与えられたルールや価値観が内在化され、身についた（身体化された）規範であり、親の期待や要求、命令を内在化したものである。超自我は最初、親に愛され、認められるための行為の規範だったのであり、成長するにつれて修正され、自尊心を守り、他者に認められるためのルール、批判や蔑視を避けるための自己ルールとなったのだ。また、社会規範を学び、社会経験を経ることで、超自我は適切な自己ルール、道徳心として正当化されることにもなる。

しかし、親の過度な期待や理不尽な要求、恐怖をともなう命令は、子供の心に歪んだ自己ルールを植え付け、超自我は人間の心を内側から支配する元凶となる。「お前はこうしなければならない」という内面から聞こえる呼び声は、まるで呪詛のように、人間の自由を奪ってしまうのだ。それは「こうしたい」という欲望を拒否し続けるため、その欲望に気づくことさえなくなり、葛藤にも無自覚になりやすい。それによって、無意識の身体反応や行動をコントロールできなくなり、自己不全感、不安は解消されず、心を病んだ状態になるのだ。

このように、フロイトは人間を矛盾した欲望を抱えて葛藤し、不安を抱く存在であること、その結果として不安に対して防衛的に反応し、それが習慣化して歪んだ自己ルールになると病的な言動につながる危険性があることを、明確に示している。そう考えると、フロイトの人間理解はかなり人間性の本質を捉えたものであったことがわかるだろう。

自由と承認の葛藤

欲望の葛藤が人間的な欲望の特質だとしても、それは何も性欲と道徳心の葛藤だけではないし、その意味では、確かにフロイトは性欲を重視しすぎるきらいがあった。しかし、性欲と道徳心の葛藤が、自由と承認の葛藤という最も重要かつ典型的な欲望の葛藤に属することを考えると、本質的には人間性を鋭く捉えた理論だったと言えるはずだ。

また、私たちが深刻な欲望の葛藤を抱える場合、それは単に自らの欲望と外的なルール、他者の要求との葛藤ではなく、内的な自己ルールとの葛藤であることが少なくない。それは衝動的な欲望と自我の欲望の葛藤であり、どちらも内発的な欲望だからこそ、容易には解消しがたい苦悩となる。しかも超自我である自己ルールは身体化され、ほとんど無意識になっているため、何が問題なのか、葛藤そのものに気づけない。だからこそ、無意識の葛藤を解消できず、苦悩を解決できないのだ。

フロイトはこうした人間の欲望の葛藤の内実を的確に見抜いていた。それも、無意識の葛藤の根底にある内的な規範（身体化された自己ルール）についても、超自我という仮説をとおして、その重要性を明確に理解していたのである。

ヘーゲルが述べているように、人間は複数の欲望の間で葛藤し、自由な意志によって、より幸せになれる欲望を優先する。他者に批判されるのを避け、衝動的な欲望をがまんするとしても、それが承認欲求を満たす道だと自覚できれば、納得できる判断であり、自分で納得して選んだ行為である以上、そこには自由な意志決定が存在する。

しかし、誰もがこのような選択を理性的に、納得のいく形でできるとは限らない。不安が大きく、自己了解の力が弱ければ、また歪んだ自己ルールを抱えていれば、こうした欲望、葛藤を自覚できず、無意識の行動に流されてしまうだろう。そこで、無意識に気づくこと、自己の欲望、不安、葛藤に気づくことが必要になる。精神分析における無意識の解釈は、こうした無意識の自覚を促すための作業なのだ。

この「無意識に気づく」ということ自体、実は人間性の本質を示している。

私たちは自己の感情に気づき、それをどう受け止めるかによって、自らの行動を決めている。

ハイデガーが述べているように、人間は自己を了解しつつ、可能性をめがけて生きているのであり、自己の気分を知ることによって、その都度、自分がどのような状態にあり、何を求めているのかを理解することができる。そしてそれによって、ではどうすべきなのか、進むべき道が見えてくる。それは納得して行動を選ぶために、つまり自由に生きていくために不可欠なのだ。

しかし、こうした自己への気づきが不十分で、自己了解ができない場合も少なくない。強い不安（特に幼少期の承認不安）によって歪んだ自己ルールが形成され、意図せざる行為が無意識のうちに繰り返されている場合はなおさらである。それは自らの意志で行為を選べない、という意味で「自由の喪失」とも言える。だからこそ、無意識に気づき、自己了解することが必要になる。自由を犠牲にして、無意識のうちに他者の承認を優先するのではなく、承認を犠牲にして自由を優先するのでもない。他者の承認を維持しつつ、自由に生きていくためには、こうした無意識の確信を介した自己了解が必要になる。自分がどうしたいのか、十分に自覚できてこそ、納得のいく判断、行動ができるからである。

フロイトの人間論に対して、性欲より優越性への欲求や自己実現への欲求、意味への意志こそ、人間の欲望として根源的ではないか、という批判をしばしば耳にするが、重要なのは、人間が複数の欲望を抱えて葛藤していること、その中で行為を選択し、自由に生きようとしていることなのだ。無論、幼児性欲、エディプス・コンプレックス、去勢不安、リビドーなどの仮説について、その本質を捉えずに仮説をなぞっただけのような解釈は有害だが、核心となる意味を取り違えたりしなければ、フロイトの治療論は十分に有効性を発揮し得るだろう。

以上のように、精神分析の土台となっているフロイトの人間理解は、仮説の実証性にのみこだわるのではなく、その本質を見据えてみれば、新しい人間論の地平を切り開くような、革新的な視座を提示していると言ってよい。それは心理臨床という枠を超えて、看護、介護、教育、保育など、多様な実践領域に活かせる理論であり、また人間という存在を見つめ直し、自己と他者を深く理解するための原理を含んでいるのである。

註

（1）R・D・ストロロウ／B・ブランチャフ／G・E・アトウッド『間主観的アプローチ』丸田俊彦訳、岩崎学術出版、一九九五年、九頁。
（2）スペンスによる次の文章は、無意識の実在性を完全に否定している。「大部分、精神分析における鍵概念は、確証可能でもなければ反証可能でもない。おそらく最も卑近で、最悪の例は、私たちが見てきたように、実在的無意識である。その定義上、観察から隔絶されているので、その無意識は他の行動の局面に影響を及ぼすことによってのみ知られるものである。しかしそれらの影響力の関係を支配する規則が特定化されない限り、そして私たちが潜在内容が顕在内容に変形されるされ方や無意識的な着想が連想の派生物の中に現れる現れ方が理解されない限り、無意識を説明の形として持ち出すことは論理的に空虚である。」（D・P・スペンス『フロイトのメタファー』妙木浩之訳、産業図書、一九九二年、九八～九九頁）。
（3）「象徴は第三者という要素を導入するという点で、即ち現前する二人の人物を位置づけ、彼等に他の平面を通過させ、彼等を変形する、そういう仲介の要素を導入するという点で象徴関係は永遠なのです」（J・ラカン『フロイトの技法論（上）』J・A・ミレール編小出浩之・小川豊昭・小川周二・笠原嘉訳、岩波書店、一九九一年、二五三頁）。
（4）対象関係論は、治療者が第三者（父親）ではなく、二者関係（想像的関係）の相手（母親）の位置にいるため、自己を客観的に捉えることができない。自我心理学では、治療者の自我をモデルにして患者の自我を強化するため、患者は分析家の解釈を過度に信頼しすぎる傾向にある。どちらの場合も、治療者という他者の欲望に絡めとられているため、第三者の視点から捉えることができないのだ。「精神分析治療の理論は、主体の自我と理想自我との関係、自我と他者との関係、つまりその質はおそらくさまざまに変わり得るとしても、経験上明らかなように、常に唯一無二である想像的関係の他者、そういう他者と自我との関係へと誤って陥っている」（J・ラカン『精神病（上）』J・A・ミレール編小出浩之・鈴木國文・川津芳照・笠原嘉訳、岩波書店、一九八七年、二四五頁）。
（5）ただし、最終的にラカンは第三者の視点で無意識を考える、という治療法は取らなかった。それは、分析家が第三者の視点から語ると言っても、患者が分析家を全知の存在として感じていれば、結局は自らの欲望よりも分析家の語ることを優先し、自由を失ってしまう、と考えたからだ。そこでラカンは特定の解釈を信じさせるのではなく、多義的な解釈を与える、という方法を用いたのだが、この点については本書の終章で説明する。
（6）こうした欧米の「自立」を重視した治療観に対して、土居健郎は「甘え」の重要性を指摘し、こう述べている。「精神分析ないし精神療法の前提となっている自立の基準はなるほど患者の到達すべき目標としては結構であり、是非そうあるべきことと思われるが、治療過程の指導原理とはならず、むしろ治療者が無反省にそれに準拠する時は得てして患者をヘルプレスな状態に放置する結果を生み、患者の気持を汲みとることさえ不可能にする恐れがある」（土居健郎『「甘え」の構造（増補普及版）』弘文堂、二〇〇七年、三三三頁）。
（7）「社会適応は、劣等性の問題の裏面です。人間が社会の中に住んでいるのは、個人が劣っており、弱いからです。共同体感覚と社会的な協力は、それゆえ、個人を救済するものなのです」（A・アドラー『個人心理学講義』岸見一郎訳・野田俊作監訳、一光社、一九九六年、一二三八頁）。
（8）C・G・ユング『自我と無意識』松代洋一・渡辺学訳、第三文明社、一九九五年、九三頁。
（9）C・R・ロジャーズ『ロジャーズが語る自己実現の道』諸富祥彦・末武康弘・保坂亨共訳、岩崎学術出版社、二〇〇五年、三三七頁。
（10）V・E・フランクル『精神医学的人間像』宮本忠雄・小田晋訳、みすず書房、二〇〇二年、五五頁。
（11）G・W・F・ヘーゲル『法の哲学I』藤野渉・赤沢正敏訳、中央公論新社、二〇〇一年、一〇八頁。

終章

現代社会におけるフロイト思想

フロイト以後の精神分析

精神分析が斜陽の時代を迎えて久しい。今日の精神医療、心理臨床の世界では、もはや精神分析の時代は終わった、と考えている精神科医、セラピストは少なくないだろう。二十世紀にあれほど注目され、大きな影響力を持っていた精神分析も、いまや数多くある心理療法の一技法、一学派に過ぎないと見られている。

現代の精神医学は脳神経科学を重視する生物学的精神医学が主流で、薬物療法が治療の基本であり、一九五〇年代に全盛期を迎えていた精神分析を中心とする力動精神医学は、もはや影響力を失っている。心理療法の世界にかぎっても、やはり二十世紀後半に登場した行動療法、来談者中心療法をはじめとする多くの心理療法の登場によって、精神分析を実践する人も受ける人も減少の一途を辿っていた。現在では、ナラティヴ・セラピー、スキーマ療法、感情焦点化療法など、百花繚乱の状態にある多種多様な心理療法の中で、認知行動療法が圧倒的優位に立っている。

フロイト以後、精神分析がまったく発展しなかったわけではない。むしろ多様な学派に分かれながらも、その理論を進化させていったとも言える。その中心を担ったのは、自我心理学と対象関係論の学派であり、独自な展開を遂げている学派としてラカン派などがある。

自我心理学は主としてアメリカで発展した学派で、アンナ・フロイト、ハルトマン、エリクソンらを中心に、晩年のフロイトが重視した自我論を受け継ぎ、自我の強化を治療の中心に据えている。夢の歪曲や置き換え、転移、抵抗、性格から自我の無意識的な防衛機制を分析し、これらの分析を介して無意識を意識化し、自我のコントロールできる範囲を広げるのである[1]。

一方、対象関係論の基礎を築いたのはメラニー・クラインであり、彼女は幼児でもすでに自我と対象は区別されていると考え、自我と対象の関係（対象関係）に焦点を当てている。

赤ちゃんには迫害的な不安に対する原始的な防衛機制（分裂、投影など）が働いており、その後、抑うつ的な不安を経て、七歳頃までに適切な防衛機制が発達すると、これらの不安は軽減される、とクラインは言う。だが、このプロセスに問題があれば精神疾患の原因となるため、生後一年間で経験される葛藤や不安の分析が重要になる。「迫害的不安と抑うつ的不安が充分に減じられ緩和されねばならないということが、正常な発達の必須条件」（『妄想的・分裂的世界[2]』）なのだ。

こうしたクラインの理論は、生後数カ月の乳児にはすでに無意識の空想があることを前提にしており、その影響を受けたシーガル、メルツァー、ビオンらのクライン派は、独自な発展を遂げていくことになった。

また、フェアベーン、ウィニコット、バリントらは、クラインの影響を受けつつも独立を維持した立場をとり、独立学派と呼ばれている。たとえばウィニコットは、クラインよりも現実的な環境を重視し、ホールディング（抱っこ）の重要性を強調しており、子供を優しく包み込み、愛情と承認を感じさせることを重視していた。バリントも患者が治療者との二者関係の中で良性の退行を示し、それを受け止めることを重視しており、現実の治療関係に重きを置いていた。つまりこの学派では、内的な対象関係だけでなく、現実の対人関係の影響を考慮していた点で、後の関係精神分析の先駆けとなっているのだ。

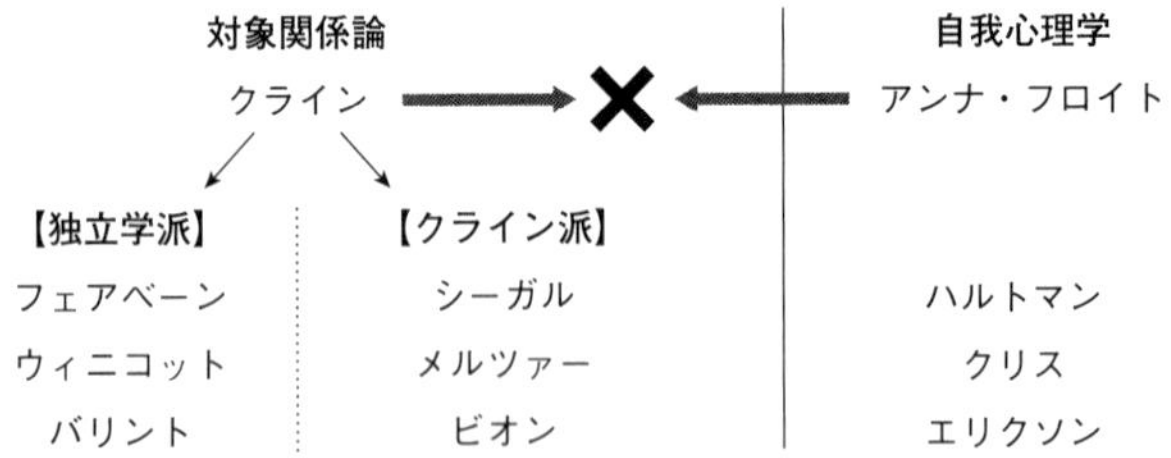

図8－1　精神分析の二大潮流

クライン派も独立学派も対象関係論として、主流派の自我心理学と対立していたが、一九七〇年になると、ジェイコブソンやマーラーらの実証的な乳幼児の研究を介して、次第に二つの理論を統合する動きが生まれてきた。きっかけは、精神病の症状がある神経症の患者が増えたことにあり、このような患者は境界例と呼ばれていた。

それまで、精神分析の対象は神経症に限られており、精神病、境界例のような重症の患者は対象外とされていた。だが、フロイトは神経症の原因として四、五歳のエディプス・コンプレックスを重視したが、神経症よりも重度の境界例、統合失調症はクラインのいう原始的防衛が見られるため、より早期の乳幼児期に問題がある。カーンバーグはこの点に着目し、自我心理学の観点も取り入れ、境界例、現在の境界性人格障害の治療に道を開いたのである[3]。

一方、自己愛性人格障害の治療に共感が重要であることを主張し、自己心理学という新しい学派を立ち上げたのがコフートであり、彼の考えでは、自己の病理は幼児期における親の共感的反応の不足が原因であるため、治療者の共感的反応が必要になる。子供は親の共感によって不安を解消し、自己を形成していくのだが、共感がなければ自己愛の病になってしまう。しかし治療者が親の代わりに共感すれば、不安は緩和されるのであり、いわば共感の再体験が鍵になる[4]。

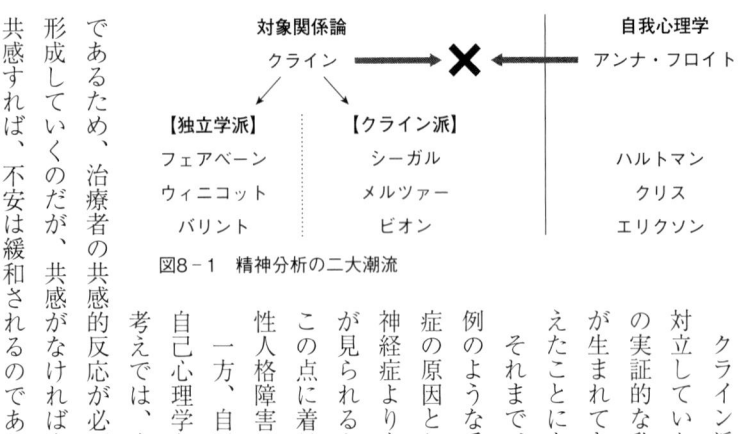

それまでの精神分析では客観的な分析が重視され、分析家の感情、共感などの主観的なものは中立性を損なう逆転移としてタブー視されていた。これは、分析家は禁欲原則を守るべし、というフロイトの教えに従った考え方でもある。しかし、自己愛性人格障害において分析家が感情を抑制していれば、患者の親と同じ冷たい反応となり、むしろ症状の悪化を招いてしまう。そのため、コフートは解釈よりも共感の体験を重視したのであり、治療者と患者の関係性こそ治癒をもたらすと考えたのだ。

現代精神分析の最前線

コフートの影響もあって、患者の無意識を客観的に分析して治す、という従来のやり方とは異なり、分析家の共感が治療効果をもたらす、という患者と分析家の関係性に焦点を当てた精神分析が現在では増えつつある。これは現実の対人関係に焦点を当てている点で、サリヴァン、フロム、ホーナイらのネオ・フロイト派に近い考え方と言える。この学派は対人関係学派とも呼ばれ、一九五〇年代に一部で脚光を浴びていたのだが、それが一九八〇年代に入って再評価されるようになったのだ。

こうして現代精神分析では、対人関係（治療関係）を重視する精神分析が台頭し、患者を客観的に分析するだけでなく、分析家の主観が関与する治療関係の影響力を考慮するようになっている。なかにはミッチェルのように、関係性を重視する各理論を統合して「関係精神分析」を提唱している分析家もいる。[5] こうした動向は、一九九〇年代以降、ますます顕著になっており、いま

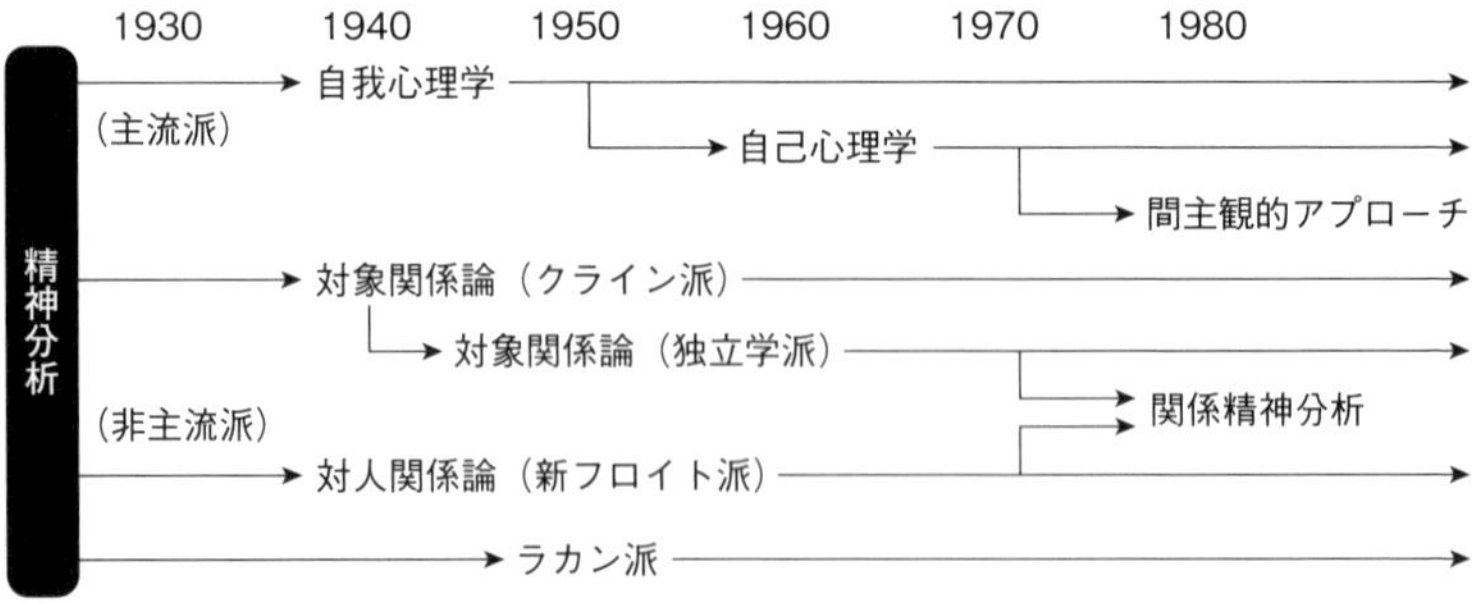

図8－2　精神分析学派の分裂とその後の展開

や治療関係の効果を重視しない分析家は少数派になりつつある。

また近年では、フォナギーやホームズのように、愛着（アタッチメント）の理論を精神分析に応用した理論、メンタライゼーションに基づく技法も増えつつある。

メンタライジングとは、自己や他者の心を推察し、理解する力のことであり、それは安定したアタッチメントによって可能となる。ホームズによれば、「アタッチメントが安定することによってメンタライジングが発現するのであり、逆に言えば、メンタライジング能力は安定したアタッチメントの証」（『アタッチメントと心理療法』[6]）である。つまり、治療者との関係を介して感情が調整され、不安が緩和されると、自分の感情や行動の歪みに気づき、より正しく自己を理解することができる、というわけだ。

本書では精神分析の本質を「治療者との信頼関係を介して自己に気づくこと（自己了解）」として述べてきたので、この考えは理解しやすいはずである。というより、精神分析の本質から考えれば、アタッチメントとメンタライゼーションが重視されるのは何ら不思議なことではないのだ。

そして最近の精神分析におけるトピックと言えば、神経科学の観点から無意識と脳の関係を考える神経精神分析であり、治療者と患者の情動的な交流、関係性を脳画像で検証しようとするショアーの研究などが注目を集めている。(7) 治療関係の重要性が語られるようになり、治療者と患者の感情的な交流に光が当てられるようになったが、その内実ははっきりしないままであった。しかし、神経科学の発展によって、いまこの領域は科学的なエヴィデンスを得ようとしつつある。

このように、精神分析はフロイトの理論を受け継ぎつつも、新たな視点、理論を導入し続けてきたのである。

分析家の主観性と解釈の妥当性

繰り返すが、現代の精神分析は客観性を重視する古典的な分析を超えて、分析家の主観の影響力を無視し得ないものとして捉えている。そのため無意識の解釈についても、ストロロウらの間主観的アプローチのように、分析家の主観が深く関与せざるを得ない、無意識は患者と分析家の対話によって構成された現実である、という考え方が強くなっている。

すでに述べたように、これは思想的には構成主義、(社会構築主義)と呼ばれ、普遍的な真理、本質など存在しない、それらは社会的な様々な文脈の中で構成されたものにすぎない、という考え方である。この考えは本質主義の対極にあり、当然、本質を重視する現象学にも批判的な立場ということになる。

なるほど、本質が絶対に変わらない不変の意味(真実)だとすれば、確かに構成主義者の主張するとおり、そんなものは存在しないと言えるかもしれない。しかし、本書で主張してきた本質とは、多くの人々が納得できるような意味、共通して了解が可能な普遍性のある意味、ということであり、決して永遠不変の真実、ということではない。そうした意味での普遍性を求めることがなければ、構成主義は容易に相対主義に陥り、問題の解決可能性を見失ってしまうだろう。

無意識の解釈についても、構成主義の立場では、無意識の真実は存在しないし、正しい無意識の解釈などない、ということになり、解釈は治療者と患者の確信が一致した時に成り立つ、ということになる。確かにそうなのだが、ではどんな解釈でもよいのかと言えば、それは違うだろう。そこに相対主義の限界がある。絶対に正しい無意識の解釈が不可能だとしても、治療者と患者の主観を含んだ無意識の解釈が、かえって治癒を阻害する危険性があることも否めない。だからこそ、本書では解釈の妥当性が重要であることを指摘し、その検証のためには適切な人間理解が欠かせないし、そこには一般的他者の視点が必要になる、と述べてきたのだ。

構成主義の精神分析家は、フロイト流の客観的分析は時代遅れで、正しい無意識の解釈など存在しない、と主張している。そしてこの考え方は、真理など存在しない、という現代哲学、特にポストモダンの思想を後ろ盾にしているため、強い影響力を有している。近年では精神分析以外でも構成主義の影響を受けた技法が増えているため、科学的な客観性に欠けるとして批判されてきたフロイトの理論が、今度は治療者の主観性を無視している、客観性（客観的真実）にこだわりすぎている、という批判を受けているのである。

しかし、フロイトは決して治療者の主観性を無視していたわけではない。無意識の解釈においいても、分析家は患者が語っている間は余計なことを考えず、平等に漂う注意を向け、無意識のうちに感じ取っていたことを後から内省して分析すべきだと述べている。これは一見、主観をはさまない客観的態度にも見えるが、自らの無意識を信用している点で、自分の主観を重視していることになる。コフートやストロロウらが分析家の主観性を重視する以前から、もっと言えばハイマンが逆転移の有効性を主張しはじめる以前から、フロイトは分析家の主観性が重要な鍵になることを理解していたのである。

その一方でフロイトは、無意識の解釈については、客観的な妥当性があることを疑ってはいなかった。この点はどのように考えればよいのだろうか。

現代精神分析の分析家たちが指摘する通り、正しい無意識の解釈があるとは言えない。それは証明もできないし、解釈が治療者と患者の双方の主観が交えたところに成立する、という考えも間違ってはいない。しかし、だからといって解釈が何でもよいわけではないし、解釈によっては治療を阻害する場合もあるだろう。それゆえ、共通の人間理解に基づいた、多くの人が納得し得るような妥当性のある解釈でなければならないし、それは可能であることを本書では繰り返し述べてきた。その観点からすれば、解釈の妥当性を信じるフロイトの姿勢は、決して間違っているとは言えない。

解釈が治療者と患者の主観を著しく反映し、第三者を含む多様な人々の納得、共通了解を阻んでしまうのは、それが閉鎖的な二者関係から生まれた解釈だからである。この問題について、ラカンは自我心理学や対象関係論に対して、想像的な二者関係に陥っている、という批判を繰り返していたが、この批判は二者関係における解釈、現実の構成を重視する現代の関係精神分析にも言えるのではないだろうか。

すでに述べたように、ラカンは二者関係（想像的関係）の弊害を避けるには、治療者が父の機能を引き受けること、第三者の位置に立つことが重要だと考えていたが、治療者が社会規範（大文字の他者）を代弁する第三者として無意識を解釈することにもリスクがある。それは、患者が「治療者は無意識の真実を知っている」と考えるようになり、患者が治療者の言葉を妄信してしまう危険性があるからだ。

そのためラカンは、治療者は正しい解釈をするのではなく、多義的な解釈をしたほうがよい、と考えるようになる。患者は親に承認されたいために、親の要求に従い、自由を失っているのだが、治療において転移が生じれば、今度は治療者の承認を得るために、治療者の解釈を妄信し、結局は自由になることができない。しかし、治療者の解釈が多義的で謎めいていれば、患者は自らの無意識に関心を抱き、その謎を知ろうとするために欲望の主体となり、自由に行動できるようになる、というわけだ(8)。

なるほど、ラカンの言うとおり、治療者と患者は危うい二者関係に陥りやすく、患者は治療者に依存し、自らの欲望よりも治療者の欲望を優先してしまいやすいのかもしれない。しかし、だからといって治療者と患者の親密な関係性が不要ではあるとは、私にはどうしても思えないし、多義的な解釈は混乱を生み、承認への不安が高まることは避けられないだろう。

承認不安を緩和するためには、やはり治療者と患者の信頼関係、親和性が必要であると思う。

だがそこに二者関係のリスクもあるとしたら、一体どのようにすればよいのだろうか？

二者関係のリスクと有効性

コフートやウィニコットの理論によれば、精神分析治療においては無意識の解釈だけでなく、修正感情体験が必要である。

修正感情体験とは、過去に体験できなかった感情を治療の中で体験する、ということであり、親から共感が得られなかった患者は、治療者から共感を得ることで、本来、必要とされていた体験を獲得する。共感がなかったことで、自己否定的になり、自分を信じられず、自分の感情を了解できなくなっていたとしても、この体験を契機に自分の本当の気持ちと向き合い、自己了解が生まれ、自己を見直すことができる。それがなければ、解釈の意味を深く納得し、腑に落ちるということも生じないし、治療者とのやり取りは表面的なものになり、患者に大きな変化は生まれないだろう。

精神分析において、逆転移、共感が重視されるようになったのは、無意識の解釈の知的な理解だけでは不十分で、こうした体験そのものが必要になる、という認識があったからだ。ただし、ラカンの批判も重要であり、二者関係のリスクは無視できない。フロイトが逆転移を禁忌としたのもそのためであり、治療者が患者の欲求に応えれば悪化を招く恐れがある、だから安易に応じてはならない、そう考えたのである。

フェレンツィはこうしたフロイトの禁欲原則を破り、治療者と患者の親密な関係性こそが効果を生む、という考えを示した最初の分析家と言ってよい。ただし彼は二者関係のリスクを認識していなかったため、治療に成功する場合もあったが失敗例も多く、フロイトにも批判されている。

これに対してバリントは、フェレンツィの失敗例は悪性の退行が生じたためであり、良性の退行であれば、むしろ治療には有効だと主張している。良性の退行とは、患者が一時的に幼児期に遡り、過去に体験できなかった親への甘えや共感を体験し、欠けていた感情体験を埋め合わせることだ。これは修正感情体験に他ならないが、このとき治療者が全知の存在になれば、患者は治療者に依存し、文字通りの悪しき退行現象が生まれてしまう。[9] バリントは二者関係のリスクを十分認識しつつ、しかし二者関係には有効性がある、と考えていた点で、とても優れた観点を有していたのである。[10]

また、こうした修正感情体験は、過去に体験した負の感情が活性化した場合に起こることが少なくない。患者はこのような不快な感情が生じると圧倒され、その感情から眼を背け、無自覚になりやすいのだが、治療者はこの感情を逆転移、共感を介して理解し、患者に気づかせようとする。治療者はこの感情を調整し、苦痛を和らげ、その意味を患者に投げ返すことで、患者に感情の自覚を促すのである。ビオンはこれを〈コンテインメント〉と呼んでいたが、現在ではホームズやフォナギー、ショアーらが「感情調整」と呼んで重視している。

苦痛に満ちた感情は、治療者が調節することで御しやすくなり、また治療者が共感し、理解していることで安心できるものとなり、その感情の意味と向き合えるようになる。過去において共感されなかった苦痛に満ちた感情の意味は、安心感があるからこそ理解できるようになるのだ。

ここに精神分析における二者関係の重要性がある。

無論、治療者が感じ取った患者の感情の意味は、逆転移、共感といった治療者の主観的な確信によるものであり、その確信に対する信頼性が問題になるのだが、このような治療者による感情の受け取り、解釈への確信は、決して根拠なきものではなく、治療者が長年の経験の中で培ってきた直観によるものだ。過去に患者と対峙し、同じような感じを繰り返し経験したこと、そこから解釈を導き、患者の納得と治癒をもたらした経験が、このような確信の根拠となっている。そう考えれば、治療実績のある熟練の治療者の直観は、一定の信頼を置くことができるだろう。

しかし、それでもその解釈が絶対に正しいとは言い切れない。経験が浅く、自己了解のできていない治療者、過去のトラウマから生じる逆転移を制御できない治療者であれば、その解釈は歪んだものになるかもしれない。さらに言えば、治療者が自らの解釈を過信し、患者への影響力が強くなりすぎれば、二者関係は適切な信頼関係を超えて、歪んだ依存関係に陥るリスクもある。そう考えると、やはり第三者を意識した一般的他者の視点は必要ではないだろうか?

こうした現代精神分析における問題を本質学の観点から整理してみると、おおよそ次のようになると思う。

患者が無意識のうちに身につけた自己ルールの多くは、もともと親の要求から形成されたものであり、親に認められるために身につけたものだ。そのため、たとえ歪んだ自己ルールであったとしても、親と同じくらい重要な他者の承認が得られなければ、容易に変えられるものではない。その自己ルールの歪みを自覚しようとすれば強い不安を感じ、再び防衛的になり、歪んだ自己ルールに基づく行為を繰り返そうとするかもしれない。

そこで治療者は、こうした患者の不安を感じ取ると、まず自分自身が不安にあわてず、落ち着いて患者の不安を指摘し、その気持ちはわかるよ、という受容と共感の態度を示す。すると患者の不安は和らぎ、患者は自身の不安な感情、自己ルールに基づく行為と向き合う準備ができる。これが感情の調整と修正感情体験の内実である。また、目の前で歪んだ自己ルールに基づく行為が行われた場合、それを指摘し、自己ルールの歪みを不安への防衛として解釈する。治療者は信頼される重要な他者の位置に身を置くことによって、患者が無意識にやっていた行動、その根底にある自己ルール、不安、欲望に気づかせるのである。

これは信頼と尊敬をともなう二者関係だからこそ、自分は認められている、受け容れられていると感じられ、患者は治療者の解釈に真剣に耳を傾けるのであり、このとき、治療者が自らの解釈と患者の信頼を過信せず、一般的他者の視点を意識していれば、患者にもこの視点を示唆しつつ、患者と共に妥当な解釈を模索することが可能となる。これは、幼児期に母親が自分の要求を絶対化せず、父親や社会という第三者を意識させるやり方に近いと言えよう。

こうして患者は治療者の解釈を妄信するのではなく、自ら考え、納得できる判断に至り、より適切な形で自らの行為、自己ルールを修正することができるようになる。それは自らの意志で行為する自由、納得した上で行為する自由の回復でもある。

このように考えると、精神分析とは不安によって自由を奪われた人々を対象とした、自由を取り戻すための技法なのではないか、という考えがますますリアリティを帯びてくる。これは精神分析だけでなく、治療効果に定評のある多くの心理療法にも同じことが言える。

フロイトが治療の中心に据えた無意識の意識化とは、自己の感情への気づき（自己了解）であり、欲望の葛藤、不安への防衛、自己ルールを自覚することである。それは治療者の共感を介した存在の承認、不安の緩和によって可能になる。そして、自分がどうしたいのか、どうすべきなのか、その可能性が見えてくれば、感情をコントロールし、納得した上で行為の選択ができるだろう。それは、自由に行動できるようになる、ということでもある。

このことは、近代以降の社会が自由に生きられる社会へと変化したことと深い関係がある。自由に生きられる社会だからこそ、欲望の葛藤による不安が問題化し、自由であるはずなのに、自由を感じられない、という新しい苦悩が生まれたのだ。そこに、現代社会における精神病理の本質がある。多くの心理療法が無意識と自己理解、真の自己の発見を重視するのは、まさにそのためなのである。

以上のことから、フロイト理論の現代的な意味が見えてくる。そこで最後に、自由の本質に目を向けつつ、より広い観点から現代社会におけるフロイト思想の意義を考えてみることにしよう。

フロイトは反理性主義者か?

西欧社会は近代になると「理性」が重視されるようになり、合理的な思考によって不合理なものは排除されるようになった。科学が発達し、信仰がゆらぐ時代の中で、不可解なものを妄信せず、理性によって根拠を考えることが重要になったのだ。デカルトやカントらの近代哲学は、こうした理性への信頼に基づいた考え方であり、それは科学における客観主義や社会に広まった啓蒙主義思想にも一貫していた。

宗教的価値観が崩れつつあった近代社会では、理性的に考えることが正しい行為と自由な社会を導くにちがいない、そう信じられていたのである。

しかし、こうした近代における理性主義は、現在では過度な理性信仰、楽天的な理性的人間像として批判されている。近代社会においては、理性的に考えることが進歩的人間の証であり、そのような人間こそ社会の発展をもたらすと信じられていたが、二度の世界大戦、ホロコーストなど、大量殺戮の時代が続き、人間の理性そのものに疑念の目が向けられるようになった。フランクフルト学派のホルクハイマーとアドルノは、「啓蒙は、自由主義の時代を超えても、つねに社会的圧迫に同調した」(『啓蒙の弁証法』[11])と述べている。彼らはナチスを例に挙げながら、理性は自由な社会を実現するどころか、自由を抑圧する可能性があることを示したのだ。

一九六〇年代になると、レヴィ＝ストロースやフーコーらの構造主義が登場し、人間は無意識の社会構造に規定された存在である、という主張が広まったが、これも理性の限界を示すものとして捉えられた。理性的に行動しているつもりでも、その思考、行動は知らず知らずのうちに、社会の価値観や仕組み、時代の知の枠組み(エピステーメ)に影響されている、というわけだ。

こうして現代思想では、反近代、反理性主義を掲げるようになり、意識や理性を超えた「身体」「感情」「無意識」を重視するようになった。そして、理性による感情の抑圧を糾弾するようになったのだ。近代以降に強い影響力を持つようになった合理主義、理性への信頼は、実は危ういものであり、自由な社会を実現するどころか、人間の自由を抑圧してしまうかもしれない。合理的に考えられたはずの社会が、その価値規範に合わない人間を容赦なく排除してしまうかもしれないのである。

一方、一般的な人々の間でも、近年、理性的に考えるよりも感情を大事にし、身体の声に耳を傾けるべきだ、無意識を自覚すべきだ、という主張をよく耳にするようになった。自己啓発の本やセミナーなどでも、身体や感情に注意を向けさせ、自己発見、自己実現を目指すものは少なくない。同じことは心理療法の世界についても言える。ロジャーズ派は自己実現を重視し、フォーカシングやゲシュタルト療法は身体に注意を向けることで、「真の自己」（本当の自分）を見出そうとする。心理療法や精神分析が無意識の概念を重視し、しばしば自己実現や真の自己が問題にされるのは、理性では捉えられない真の自己を、抑圧された無意識として、身体、感情の中に見出そうとするからである。

このように、現代では反理性主義、反近代主義の思想が強くなっており、人間の身体、感情、無意識など、非理性的な面が注目されている。そのため、フロイトによる「無意識の発見」は近代思想をゆるがす大事件と見なされてきた。近代思想が人間を理性的存在と見なし、合理主義、啓蒙主義を重視してきたのに対して、無意識の発見は人間の非理性的な面に目を向けさせ、人間の心の奥底にある真実を明らかにしたのだと考えられている。フロイトがニーチェやマルクスと並ぶ現代思想の源流に位置づけられているのは、そのためなのである。

しかし、フロイト自身は反近代主義者であるどころか、むしろ人間の理性を信じる近代主義者であった。無意識の理性的な把握を追究し、あくまでも科学的な合理性にこだわっていた。精神分析療法も無意識の意識化、理性的な解釈を根幹に据えており、欲望の解放や実現を促したのではなく、理性による欲望の自覚を重視していたのだ。

なるほど、フロイトは第一次世界大戦を経験する中で、人間の理性に疑問を抱いたことがあったし、決して楽観的な理性主義者だったわけではない。人間は時に理性を失い、衝動的になることもある。悩み、葛藤し、結局は誤った推論、判断をすることもある。しかしそれは、人間が理性的存在ではないことを意味するわけではない。むしろ人間はこうした自らの矛盾や衝動を内省し、自己了解した上で理性的に判断しようとする存在なのである。

そこには自分の意志による判断だという自由の感覚がともなっている。フロイトが無意識の欲望を意識化すること、それも分裂した欲望の葛藤を自覚することを重視したのは、きわめて正当なことなのだ。このことによって、私たちはより納得のできるかたちで優先すべき欲望を選択することができる。

こうした理性的判断そのものが社会構造によって無意識のうちに規定されているのではないか、それは偽りの自由ではないか、と主張する人もいるだろう。しかし、私たちは自分で自分の道を選ぶとき、明らかに自由を実感する。たとえその判断が社会構造に影響を受けたものだとしても、この自由の実感そのものが偽りの意識だと言うことはできない。

したがって、フロイトは反理性を主張したのではなく、むしろ個人が自由を実感して生きるために、理性的な判断の可能性を広げたのだと言うことができる。彼は反近代の思想家ではなく、理性の脆さを認識し、無意識を自覚することによって、理性の力を強くしようとした。そこには理性への強い信頼があるのだ。

近代社会と文化への不満

しかし、フロイトが近代社会の理性を批判し、非理性、無意識を重視した、という捉え方が広まっていることにも理由がある。なぜならフロイトは、社会のルールや価値観によって欲望が抑圧されることを神経症の原因と見なしていたからだ。それは、近代社会の理性的な思考が感情を抑圧し、自由を奪っている、という現代思想における理性批判、近代批判と共通するものがある。だからこそ、フロイトは現代思想において重視されてきたのだ。

この考え方からすれば、社会の抑圧から欲望を解放すれば神経症の問題は解決するように思えるし、実際、フロイト以後、そうした主張が影響力を持ったこともある。たとえば、ライヒは『性と文化の革命』[12]の中で、資本主義社会や家父長的家族の抑圧性を批判し、社会的抑圧から性欲を解放すべきだと主張しているし、マルクーゼは、過剰な抑圧からエロスを解放することで理想的な社会を構築できる、と『エロス的文明』[13]において述べている。

ライヒとマルクーゼは抑圧から解放された社会をマルクス主義と結びつけていたため、フロイト左派とも呼ばれ、一時は人気もあったのだが、共産主義を掲げた学生運動の退潮とともに、いまでは過去の思想と見なされている。しかし、「社会的抑圧から欲望を解放する」という考え方自体は、現在でも根強く存在している。ポスト構造主義を代表するドゥルーズとガタリも、自由に散乱する欲望が社会規範によって方向づけられること、特に現代では家族のエディプス関係を介して方向づけられることに危惧を表明しているが、これも自由を抑圧からの解放として捉えている点では同じである。

なるほど、社会が不合理なルールや過度に偏った価値観を押し付けてくるのであれば、それは個人の欲望を抑圧し、自由を奪うものと言えるかもしれない。しかし、社会が成り立つためには、個人がある程度まで欲望を抑制することは不可欠である。そうでなければ各々が自らの欲望の赴くままに行動し、犯罪の渦巻く無秩序な状態に至るだろう。ホッブズの言う「万人の万人に対する闘争」という状態である。

こうした混乱を防ぐためには社会のルールが不可欠であり、かつてそのルールは、神によって権力を授けられた王や皇帝によって司られていた。そのため、権力を握った為政者が過度な要求や不合理な命令を発すれば、個人の自由は抑圧され、悲惨な生活を余儀なくされていた。しかし近代になって王の権威が失墜し、個人の自由が尊重されるようになると、個々人が合意によってルールを認め合えばよい、という社会契約の考え方が登場した。個人の自由を確保するために、お互いの自由を守るためのルールを決め、それを守ることになったのである。

フロイトはこうした近代社会の問題意識を十分に自覚していたのであり、社会や文化が維持されるためには、個人の欲望をある程度まで抑制することは不可欠だと考えていた[14]。

社会のルールがなければ、どんな性欲も満たせるし、恋敵を打ち殺すこともできるし、欲しいものは奪うことができる。しかしそれは他人も同じなので、自分が欲望の対象にされ、何もかも奪われても文句が言えなくなる。フロイトによれば、こうした脅威を防ぐためにこそ、人間は文化を築いたのであり、文化の廃絶を目指せば耐え難い状態になることは避けられない[15]。にもかかわらず、文化に不満を持つ人が多いことを、フロイトは次のように嘆いている。

驚くべく多数の人間が文化に不満を持ち、その中で不幸な生活を送り、文化を振り落としてしまわねばならぬ桎梏と感じており、それらの人々は、この文化を変革しようとして全力を尽すか、さもなければ、文化だとか欲動制限などについては一切聞く耳を持とうとしないまでに、文化に対する敵意を尖鋭化させている。(「ある幻想の未来[16]」)

この批判は、近代社会の抑圧性を主張し、抑圧からの解放を主張する多くの現代思想にも当てはまる。フロイトはしばしば反近代の思想家として位置づけられているのだが、彼は近代社会の本質を深く理解していたのである。

抑圧からの解放が自由なのか?

文化による欲望の抑制として、フロイトが特に重視していたのは、性愛願望の抑制であり、彼は次のように述べている。

文化と性欲の対立は、性愛がそもそも二人の人間のあいだの関係で、そこでは第三者は余計者ないしは邪魔者でしかありえないのに反し、文化はかなり多数の人間同士の関係を前提にしているることが原因なのだ。（「文化への不満」[17]）

性愛の欲望は閉鎖的な二者関係を形成し、三者以上の社会的関係を無視する傾向がある。人間は愛情関係で満たされてしまうと、社会的な関心を失い、愛する人以外の人々にはあまり眼を向けなくなるのだ。そのため、社会や文化が成り立つためには、閉じた二者関係にとどまらず、第三者を意識すること、欲望を抑制することが必要になる。

母親と子供の二者関係に父親という第三者が介入することで、子供が母親への欲望を抑制し、社会のルールを受け容れるようになる、というエディプス・コンプレックスの本質は、まさにこうした社会性の獲得に関わっている。これによって、人間は欲望を社会（文化）の基準に従って抑制し、社会に積極的に関与して生きることが可能になる。

フロイトはこの考え方を治療法にも応用すべきであった、と私は考えている。すでに説明したように、治療者と患者の間で無意識の確信が起こった場合でも、閉鎖的な二者関係である以上、その無意識の内容には偏りがあるかもしれない。そのため、第三者の視点（一般的他者の視点）を持つことによって、その無意識の妥当性を吟味すべきだ、と本書では述べてきた。それは、自分の考えや行為に対して、誰もが納得し得るか否かを吟味する、ということでもある。

それでは結局、周囲の意見に同調し、世間的な価値に合わせることになり、欲望を抑圧して周囲に迎合的な態度をとるだけではないか、それでは自由を感じられないのではないか、という反論があるかもしれない。そもそも、社会に迎合して欲望を抑圧するからこそ神経症になる、というのがフロイトの主張ではなかったのか、と。

しかし、これは自由の本質を十分に理解していないから生まれる誤解である。自由とは単なる抑圧からの解放ではなく、十分に自己を理解した上で、自らの意志で行為を選択できることだ。抑圧された欲望を解放すれば自由なのではない。性欲がある一方で、社会から非難されたくない、認められたい、という欲望もある。たとえ性欲をがまんしても、それによって周囲に批判されず、自己価値の承認を維持できるなら、そのほうがずっとよい、と納得できれば、性欲を（無意識にではなく！）意識的に抑制するはずだ。それは自由な意志決定に他ならない。

フロイトはこうした欲望の抑制の必要性を十分認識していた。欲望の過剰な抑圧が神経症を生み出すとは言ったが、欲望の解放を訴えたことは一度もない。彼が重視していたのは、あくまでも欲望の自覚であり、それは必ずしも性欲とはかぎらない。

遊びたい、休みたい、自分の好きなことをして生きたいなど、私たちは様々な欲望を抱えている。しかし、その欲望を満たそうとすれば、親に愛されなかったり、周囲から批判されたりすることがある。つまり承認欲求と対立し、葛藤を生みやすいため、私たちはがまんし抑制することが少なくない。それがあまりに歪な形で抑圧され自覚されなくなるならば、もはや自分の意志で行為を選択することができなくなる。だからこそ、この無意識は自覚されなければならないのだ。

こうしたフロイトの考えは、本質的に正当な主張であったと私は思う。なぜなら、私たちは自らの欲望を自覚することで、はじめて納得のできる自己決定、自由な判断が可能になるからだ。

人間は他者の承認を求める存在であり、だからこそ私たちは多くの人が認めるような社会的な価値を尊重し、それに準じた行為を行うようになる。

このことは、ヘーゲルが『精神現象学』において早くから指摘していたことでもある。それは一見すると、社会や他者の承認と引き換えに個人的な欲望を抑制し、自由を失うことのように見えるかもしれない。しかし、自己価値への承認欲求は他の欲望よりも強いため、自己了解によってこの欲望を自覚すれば、社会のルールや価値観を重視した行為が自分の承認欲求と合致することを理解し、自らその行為を選択する可能性が高いだろう。それは自分の意志で選択（自己決定）した行為であるため、自由の実感をともなっている。

このように、他者の承認を得るために社会規範のルールや価値観を重視し、自己価値の一般性を求めることは、自由の意識と矛盾しない。自由への欲求よりも承認への欲求を優先させたように見えたとしても、最終的に自分の意志で決めることができれば、そこに自由はあるのだ。

無論、社会のルールや価値観がかなり歪んだものであれば、納得しがたい行為や生き方を強いられ、たとえそこで自己価値が認められても、自分の本音を出せない、本当の自分を表現できないという自己不全感を抱くようになるため、自由を感じることは難しいだろう。

また、他者に迷惑をかけない範囲で、他者の承認よりも自分のしたいことを優先したい、という場合もあるはずだ。特に承認の不安に疲れ果てた人間であれば、多少は変な目で見られても、ルールに反しないかぎり、自分の好きなように生きたい、と感じるのは自然なことだろう。承認欲求、自己価値への欲望を十分に自覚した上でそうするならば、それも自由に生きる上で大事なことである。過剰な抑制は自分を苦しめ、自由を見失う結果になりかねない。

問題なのは、こうした欲望と葛藤に無意識であること、それゆえ歪んだ行動を繰り返してしまい、自己不全感を抱えてしまう点にある。それこそがまさに〝自由の喪失〟なのである。

時代を見据えたフロイトの理論

近代社会において自由の意識がめばえると、多くの人は、自分が何をしたいのか、自分は何を求めているのか、自らの欲望を知りたいと感じるようになった。自由を感じるには、自分のしたいことができている、という実感が必要だが、したいことがわからなければ、満足のいく行動を取ることはできない。だからこそ、どうすれば満足のいく行動、生き方ができるのかと悩み、自らの心に問いかけるようになったのだ。

これは、現代社会では誰もが自由を求め、無意識を気にするようになった、ということでもある。無意識の欲望を発見したフロイトが、瞬く間に注目を集めるようになったのはそのためだ。なるほど、フロイト以前にも無意識への関心は高まっていた。不合理な現象を合理的に説明するようになったこと、合理主義への反動としてロマン主義が台頭してきたことが、こうした無意識への研究熱を高めたが、それは研究者の間だけのことであり、しかも無意識は単に「未知なる心の領域」として認識されていたにすぎない。

しかし、フロイトが無意識という現象のなかに見出したのは、抑圧された欲望であり、複数に分裂した「欲望の葛藤」であった。だからこそ、それは自らの生き方に不安を抱き、自分がどうしたいのか、どうすべきなのか、苦悩する現代人の興味を惹くものだったのであり、研究者だけでなく、広く一般の人々にとっても関心のある内容だったのである。

私たちが異なった欲望を抱え、さまざまな葛藤に悩んで生きざるを得ないのは、人間の最も根底的な欲望が「自己の存在価値を認められたい」という承認欲求であるからだ。周囲に受け容れられ、他者に認められるためには、他者に批判されたり、軽蔑されるような欲望は抑制しなければならないし、他者の望むような行動が求められる。そして、そこに欲望の葛藤が生み出される。

近代以前なら、この葛藤が表面化することはほとんどなかっただろう。なぜなら、人々の生き方は生まれによってほとんど決められていたため、生き方の選択において葛藤が生じる余地は少なかったからだ。このような葛藤が生じるのは、生き方の選択が自由な場合だけである。しかも宗教的規範が非常に強い社会であったため、宗教的価値観に沿った行為、生き方だけが、自己価値が承認される唯一の道でもあった。そのため心が病んだ場合でも、自由に生きることよりも、その社会で共有された価値規範の世界に引き戻すこと、適応可能にすることが重要になっていたのだ。

ところが近代になると、資本主義経済の発展と宗教的規範の弱体化によって、生まれによって定められた人生を送るのではなく、生き方を自由に選択できる可能性が生まれてきた。しかし、自分の好きなように生きたくとも、一方で人間は自己価値の承認を強く求めるため、社会規範や世間の価値観は無視し得ない。そのため、個人の欲望と社会の要求の間で葛藤が生じるようになった。フロイトの生きた時代（十九世紀末〜二十世紀初頭）に、ヒステリーをはじめとする多くの神経症患者が現われたのは、おそらくそのためである。

神経症患者たちは、自分の「したい」欲望と社会の要求の間で葛藤し、欲望を抑圧せざるを得なくなっている。フロイトが焦点を当てた「性欲と道徳心の葛藤」は、「自由に性欲を満たしたい欲望」と「社会の非難を浴びずに認められたい欲望」の葛藤であり、自由と承認の葛藤の典型例でもある。自由な社会が実現していく過程の中で、自由と承認の葛藤が強くなり、そこに深刻な苦悩、不安が生まれるとき、不安への防衛反応が歪な形で生じ、神経症に転化する。フロイトはそう考えたに違いない。

二度の世界大戦を経て、消費社会が実現した現代では、また少し異なった状況が生まれている。伝統的な価値観が信頼を失い、誰もが承認するような社会規範にゆらぎが生じており、近代の初期に比べても、社会の価値観、要求は絶対的なものではなくなっている。職業も驚くほど種類が豊富になり、趣味となる楽しみの種類も多く、生き方の選択肢が格段に増えている。つまり、多くの人が実際に自由を感じて生きる可能性が拡がっている、ということである。

価値観の多様化が自由に生きるためには好都合であることは間違いない。自分がどのような価値観で行動していようと許容されやすいからだ。しかし一方では、共通の価値観による強制力が弱くなった分、今度は他者の承認を得るための行為の基準が見えなくなり、承認への不安はむしろ高まっている。若い世代ほど、周囲の視線や評価に過剰反応し、対人不安や抑うつ感を抱きやすくなっているのはそのためだ。

こうしたことから、自己決定の自由がある中で、「どうすればいいのかわからない」と訴える若い人々は増えているのだが、これは人間が自己価値の承認を求めるから生じる状況である。そうでなければ、社会的な抑圧が少ない分だけ自由を実感して生きられるだろう。

すでに述べたように、私たちは幼少期から身につけてきた一定の行動規範、価値の基準を持っている。それは普通、親子関係の中で身につけた価値観、自己ルールであり、その多くは無意識のうちに行動を促している。

フロイトが超自我と呼んでいたのは、こうした無意識の自己ルールであり、それは社会規範を教える父親の要求から成り立っている。母親と子供の二者関係の間に割って入った第三者の父親が、社会の代弁者という立ち位置を取り、社会のルールや価値観を教えるのであり、父親の要求や命令は社会の要求（ルール、価値観）として受け取られ、内面化され、内的な行動規範を形成する。エディプス・コンプレックスとは、子供が父親と母親との愛憎を介して、社会規範を内面化するプロセスでもあるのだ。

しかし、今日のように社会規範の絶対性が崩れ、多様化し、しかも社会変化の流れが加速化している時代においては、世の中の価値観も流動的で絶対性を持たないため、幼児期に親から与えられる価値観が偏っていたり、不合理な要求や期待から自己ルールが形成されていても、なかなか修正されにくい。価値観は多様であり、他の家族の価値観に口出しはしない、という風潮があるからだ。そのため超自我の影響力は強く、歪んだ自己ルールは過度な義務感を抱かせたり、周囲の人々との間に軋轢を生んだり、激しい葛藤、不安が生じやすい。

そうした意味では、人間が超自我（自己ルール）、エス、外界（社会規範）の三つの間で葛藤する、とフロイトが指摘したことは本質的に正しいと言わざるを得ない。というより、現代社会ほどこの三つの欲望の葛藤が問題になった時代はないと言える。初期のフロイトが個人と社会（外界）の葛藤を問題にしていたのに対して、後期のフロイトが超自我の概念を導入し、内面化された規範との葛藤を考慮するようになったのは、時代の流れから言っても当然であった。フロイトは二十世紀における時代の変化、心の問題の変容を的確に読み取り、それに応じて自身の理論を修正していったのである。

二十一世紀に活かすフロイト思想

フロイトの精神分析理論が確立してから一世紀以上が過ぎ、いまや彼は「無意識の発見者」という輝かしい栄誉とともに歴史にその名を刻んでいる。現在では、フロイト理論が実証されていないことを批判し、精神分析は最早過去のものになった、と揶揄する者も少なくない。思想としてはいまでも高い評価を得ているが、治療法としては非科学的で通用しない、と考えられている。

しかし、フロイトが人間性の本質として欲望の葛藤を見出したこと、その自覚によって自由な自己決定を導く方向性を示したことは、時代を超えた普遍性がある。当然ながら、こうした人間理解に基づいた治療法もまた、心の治癒に必要な原理を含んでいる。余計な仮説が多く、それが治療法としては邪魔になる部分もあるのは確かだが、表面的な理論仮説に惑わされず、その本質をしっかりと洞察すれば、そこにある人間理解と治療原理には驚かされるばかりだ。

この点を見誤らなければ、フロイトの理論は現代社会の精神病理を読み解き、それを癒していくための道標となるだろう。事実、フロイトを批判している現代心理療法の多くは、一見、まったく異なる理論、技法であるにもかかわらず、成功例では治療関係を介した自己了解が生じている。つまり、治癒される現象の本質を考えてみれば、フロイトが精神分析において確立した治癒の原理が、多くの心理療法に共通して見られるのである。

それは、自由と承認を求めて葛藤し、不安を回避しようと苦悩する現代人が見出してきた、自由に生きるための技法と言えるかもしれない。フロイトはこうした技法のパイオニアであり、その理論には人間性の本質に対する深い洞察がある。フロイトの理論を過去のものとして評価するのではなく、現代に活かせる原理を含んだものとして捉えるなら、その思想は再び輝きを放ち、私たちが生きていく上で間違いなく役立つものになるだろう。

註

（1）防衛機制の詳細な分類、分析方法については、アンナ・フロイトの『自我と防衛』（A・フロイト『自我と防衛』外林大作訳、誠信書房、一九八五年）を参照。

（2）M・クライン『妄想的・分裂的世界』小此木啓吾・西園昌久・岩崎徹也・牛島定信訳、誠信書房、一九八五年、五八頁。

（3）O・カーンバーグ『対象関係論とその臨床』前田重治監訳、岩崎学術出版社、一九八三年。

（4）コフートによれば、「徹底操作によってもたらされる本質的な構造変形はこのような知的洞察に支えられた結果生じるのではなく、かつての子供時代の体験がより成熟した精神によって、くりかえし再体験されるという事実によって生み出される、ゆるやかな内在化の結果生じるのである」（H・コフート『自己の修復』本城秀次・笠原嘉監訳、みすず書房、一九九五年、二四頁)。
(5)グリーンバーグとミッチェルは、「今日の精神分析が描き出す共通の「風景」とは、人々の他者との間での相互作用、つまり対象関係の問題に焦点を当てようとする視点から構成されている」(J・R・グリーンバーグ/S・A・ミッチェル『精神分析理論の展開』横井公一監訳・大阪精神分析研究会訳、ミネルヴァ書房、二〇〇一年、三頁)と述べており、患者と分析家の関係性そのものが治療効果をもたらす、という観点が強くなっていることを示している。
(6)J・ホームズ『アタッチメントと心理療法』細澤仁・筒井亮太訳、みすず書房、二〇二一年、四〇頁。
(7)A・N・ショアー『右脳精神療法』小林隆児訳、岩崎学術出版社、二〇二二年。
(8)ラカンは難解で知られるが、ラカン派の実際の治療を解説している本として、フィンクの『ラカン派精神分析入門』が大変優れており、本書でも参考にしたことを付記しておきたい(B・フィンク『ラカン派精神分析入門』中西之信・椿田貴史他訳、誠信書房、二〇〇八年)。
(9)M・バリント『治療論からみた退行』中井久夫訳、金剛出版、一九七八年、二二六頁。
(10)バリント同様、同じ独立学派のウィニコットも、重度の精神疾患ほど退行が必要だと述べている。解釈以前に、治療者と患者の関係性において幼児期の体験が賦活され、いわば再体験されることが重要になるのだ。
(11)M・ホルクハイマー/T・W・アドルノ『啓蒙の弁証法』徳永恂訳、岩波書店、一九九〇年、一五頁。
(12)W・ライヒ『性と文化の革命』中尾ハジメ訳、勁草書房、一九七〇年。
(13)H・マルクーゼ『エロス的文明』南博訳、紀伊国屋書店、一九五八年。
(14)「文化の相当部分が欲動断念の上にうちたてられており、さまざまの強大な欲動を満足させないこと(抑圧、押しのけ、あるいはその他の何か?)がまさしく文化の前提になっていることは看過すべからざる事実である。この「文化のための断念」は人間の社会関係の広大な領域を支配している」(S・フロイト「文化への不満」『フロイト著作集3』高橋義孝他訳、人文書院、一九六九年、四五八頁)。
(15)S・フロイト「ある幻想の未来」『フロイト著作集3』三七〇頁。
(16)同前、三八九頁。
(17)S・フロイト「文化への不満」『フロイト著作集3』四六六頁。

あとがき

本書のタイトルが『ほんとうのフロイト』に決まったとき、私は原稿を眺めながら問い返していた。はたしてこの内容が、フロイトのほんとうに言いたかったことと言えるのだろうか？

自らの理論がやがて科学的に実証される日がくる、と信じていたフロイト。だが、精神分析が登場して一世紀以上が経過した今日においても、その理論仮説は証明されていない。しかも現在では心理療法も多様化して膨大な数の技法が開発され、精神分析は数ある心理療法の一技法としか見られていないのだ。心理臨床の関係者の多くは口々にこう言っている。もはや精神分析の時代は終わった、と。

しかし〝本質〟という観点から考えると、一見バラバラにみえる心理療法の各理論の中にも共通点が見えてくる。それは、治療者と患者の関係性の影響で生じる自己了解であり、共感と承認による不安の緩和がもたらす、自己の感情、思考、行為への気づきである。そのような自己への気づきは人間が自由に生きる上で不可欠なものであり、フロイトがこうした自由をもたらす技法の先駆者であったことは間違いない。

一方でフロイトは、現代の思想や文化、芸術にも多大な影響を与えてきた。それは無意識の発見者として、人間の非理性的な側面を暴き出し、近代における理性的な存在という人間像を否定したからだ、と言われている。しかし、これもよく考えてみると、一面的な理解に過ぎないように見える。

人間は複数の欲望の間で葛藤し、無意識のうちに不安を回避しようとする存在だ。そのため、心の病という闇に落ちてしまうこともある。だが、人間はそのような無意識の不安、欲望に気づき、自らの意志で理性的に判断し、自由に生きようとする存在でもある。そうした人間の理性への信頼、希望がなければ、精神分析という技法は生み出されなかったに違いない。

実証科学の観点から見れば、フロイトの仮説は証明できない物語であり、客観性の乏しい主観の産物だが、ポストモダンや構成主義の観点から見れば、無意識における客観的真実を素朴に信じる真理主義者、ということになるだろう。だが、どちらもフロイトの評価としては一面的で、不十分なものである。これらの批判は決して間違っているわけではないのだが、フロイトの本質的な部分を見ていないように思える。

本書で考察したフロイトの人間理解、精神分析の本質は、現象学の思考法、本質学の観点によって、はじめて見えてきたものだ。ここに述べた心の治療の原理、人間性の本質こそ、フロイトのほんとうに言いたかったことだ、と言うつもりはない。ただ、それがフロイトの意図を超えたものだとしても、多くの人々の納得が得られるものであるなら、フロイト理論の本質と呼べるはずである。

二十年以上前のことだが、哲学者の竹田青嗣さんに誘われ、批評家の小浜逸郎さん、井崎正敏さんとともに、フロイト研究会を行っていた。その際にフロイトの著作を片っ端から読み込んだ経験が本書につながっている。竹田さんには本質を考える重要性を教えていただき、『フロイト思想を読む』という共著も書かせていただいた。また、筑摩書房の松田健さんには、本書の編集において大変お世話になった。お二方にはこの場を借りて心よりお礼申し上げたい。

二〇二四年十二月

山竹伸二

山竹伸二 やまたけ・しんじ

一九六五年生まれ。著述家。評論家。学術系出版社の編集者を経て、現在、哲学・心理学の分野で批評活動を展開。桜美林大学非常勤講師。著書『「認められたい」の正体』（講談社現代新書）、『子育ての哲学』『ひとはなぜ「認められたい」のか』『こころの病に挑んだ知の巨人』（以上、ちくま新書）、『心理療法の精神史』（創元社）、『共感の正体』『無意識の正体』（以上、河出書房新社）など。

筑摩選書 0296

ほんとうのフロイト
精神分析《せいしんぶんせき》の本質《ほんしつ》を読《よ》む

二〇二五年一月一五日　初版第一刷発行

著者　山竹伸二《やまたけしんじ》
発行者　増田健史
発行所　株式会社筑摩書房
東京都台東区蔵前二-五-三　郵便番号 一一一-八七五五
電話番号　〇三-五六八七-二六〇一（代表）
装幀者　神田昇和
印刷 製本　中央精版印刷株式会社

ISBN978-4-480-01815-1 C0311